一口气读懂常识丛书
YIKOUQI DUDONG CHANGSHI CONGSHU

一口气读懂

地理常识

本书编写组◎编

NEW

世界图书出版公司
WPC
广州·上海·西安·北京

图书在版编目（CIP）数据

一口气读懂地理常识／《一口气读懂地理常识》编
写组编著. —广州：广东世界图书出版公司，2009．12（2021.5 重印）
ISBN 978－7－5100－1555－7

Ⅰ.①一… Ⅱ.①一… Ⅲ.①地理－青少年读物
Ⅳ.①K9－49

中国版本图书馆 CIP 数据核字（2009）第 237595 号

书　　名　一口气读懂地理常识
　　　　　YIKOUQI DUDONG DILI CHANGSHI
编　　者　《一口气读懂地理常识》编写组
责任编辑　程　静
装帧设计　三棵树设计工作组
责任技编　刘上锦　余坤泽
出版发行　世界图书出版有限公司　世界图书出版广东有限公司
地　　址　广州市海珠区新港西路大江冲 25 号
邮　　编　510300
电　　话　020-84451969　84453623
网　　址　http://www.gdst.com.cn
邮　　箱　wpc_gdst@163.com
经　　销　新华书店
印　　刷　三河市人民印务有限公司
开　　本　787mm × 1092mm　1/16
印　　张　13
字　　数　160 千字
版　　次　2009 年 12 月第 1 版　2021 年 5 月第 8 次印刷
国际书号　ISBN　978-7-5100-1555-7
定　　价　38.80 元

前　言

我国有960万平方千米的版图，在这么辽阔的版图之中，有很多我们不了解的地理常识，他们或是一座山峰，或是一座桥梁，也或许只是一个普普通通的山坡……。

本书重点介绍中国地理上一些容易被混淆的现象和知识。这是中国地理的百科全书，也是青少年了解中国地理，认识中国地理的科普读物。

这片广阔的土地养育了我们，给了我们生活的资源和场所，而很多发生在我们身边的地理知识却被人们忽视，例如天安门以前就叫这个名字吗？其实了解天安门历史的人都知道并不是这样；故宫以前就叫故宫吗？实际上也不是这样，河北的空中草原真的是悬挂在空中的吗？显然不是。这些是很基本的地理知识，而正是这些基本的常识往往容易被人忽略，人们关心得更多是那些玄妙的事情，而玄妙的事情多数只是传说而已。

了解地理就是了解我们的生存环境，了解我们所处的这片土地。中国是一个历史悠久的国家，而地理环境在历史上也有着不同程度的变迁，在不同时期，同一个地方的名字甚至都不一样。像秦朝末年的巨鹿是现在的邢台，历史上的燕云十六州指的是现在的北京，天津以及河北北部和山西北部的一块地方……这些知识有助于青少年在头脑中构架中国历史板块，对中国地理的认识和了解能达到一个纵横相结合的程度。

青少年正处在一个积累知识的阶段，需要阅读大量的知识性读物来充实自己的知识量，地理知识是谁也绕不开的知识点，因为我们生存在这个世界，生存在这个环境里，无时无刻不在和地理相联系，而本书正是一本地理知识的汇集读物，希望这本书能为广大青少年读者服务，让你们尽情地畅游在地理知识的海洋之中。

一口气读懂地理常识

目　录

一口气读懂地理常识

一口气读懂地理常识

华东地区篇

一口气读懂地理常识

一口气读懂地理常识

华南地区篇

一口气读懂地理常识

西南地区篇

一口气读懂地理常识

一口气读懂地理常识

西北地区篇

港澳台地区篇

一口气读懂地理常识

华北地区篇

天安门以前就叫这个名字吗?

北京天安门最初的名称是承天门。

天安门是明永乐十五年（1417年）建，当时叫承天门，当时只不过是一座黄瓦飞檐的三层楼式的木牌坊，牌坊正中高悬"承天之门"匾额。承天之门寓意是"承天启运"和"受命于天"，喻示封建皇帝是"受命于天"的，替天行使权力，理应万世为尊，显示了皇族的尊贵。它是汉白玉石的须弥座，有高大而色彩浓郁的墙台，上有两层重檐歇山式屋顶，东西宽九间，南北径直深五间，象征着皇权的"九五之尊"。门前流淌的金水河犹如玉带一般，其上飞架起七座精美的汉白玉桥，桥身如虹，构成绮丽的曲线美。

清世祖福临下令大规模重建并更名承天门为"天安门"，取"受命于天"、"安邦治民"之意。后来康熙二十七年（1688年）、1952年的两次大规模修缮，1970年的重修，基本保持了顺治时改建的形制。1970年重修后的天安门比原来的天安门高了83厘米，通高为34.7米（原高为33.87米）。

据考证，天安门匾额在清初刻有满、汉、蒙三种文字，满语直译为"天安之门"。1911年，辛亥革命推翻清朝政府后，匾额上的满文被除掉，只剩下"天安门"三字。自1987年11月开始，天安门正式对中外游客开放。开放后，吸引了成千上万的中外游客竞相登楼畅游。

人民英雄纪念碑是纪念在解放战争中牺牲的英雄吗?

人民英雄纪念碑是为了纪念在人民解放战争和人民革命中牺牲

的人民英雄，这也包括历史上所有革命中牺牲的英雄，并不单指解放战争中所牺牲的英雄。

1949 年 9 月 30 日，中国人民政治协商会议第一届全体会议通过决议，在天安门广场竖立人民英雄纪念碑。

为了体现周恩来总理关于建筑纪念碑的"纪念死者，鼓舞生者"的指示，1953 年 3 月首都兴建委员会从 240 多种设计方案中精选出 8 种，向专业设计人员广泛征求意见。这 8 种设计方案包括：矮而分散的典型设计；高而分散的典型设计；做成三座门的设计；矩形主柱式碑形——高的典型设计；有瞭望台的设计；红墙上立碑的设计；碑顶立群像的设计和最后被采用的碑形设计。

人民英雄纪念碑位于北京天安门广场中心，在天安门南正阳门北的南北中轴线上。由梁思成等人设计，于 1952 年动工兴建，1958 年 4 月竣工，1953 年重达百吨的碑芯巨石石坯从青岛运来。碑身正面由毛泽东主席题写了"人民英雄永垂不朽"八个镏金大字，背面的碑文是由毛泽东主席起草，周恩来总理亲笔书写。

天安门广场是世界上最大的广场吗？

饱经 500 余年风雨沧桑的天安门广场是当今世界上最大的城市广场。

它不仅见证了中国人民一次次要民主、争自由的过程，还见证了中国人民反抗外国侵略和反动统治的斗争的历程，更是新中国举行重大庆典、盛大集会和外事迎宾的神圣重地。

建国后的天安门广场经历了三次大规模改、扩建工程，使古老的广场更加宏伟壮观，成为中华民族凝聚力和祖国繁荣昌盛的象征。

1949 年时的北京是非常破旧的，不能和今天的北京城相比，当

时的天安门也是破烂不堪。因年久失修，加上连年战火和灾难，已面目皆非。甚至寒鸦哀鸣，野鼠乱窜，梁柱上积存的厚厚的鸽粪臭气熏天……

天安门广场经过三次改、扩建，才形成了今天的规模，它是北京的象征，也可以说是新中国的一个象征。在党和国家领导的大力支持下，改造后的天安门广场发生了巨大变化，整个广场东西宽500米，南北长880米，总面积达44万平方米。其中，铺筑水泥板块20公顷，周围路面30万平方米。广场中心干道上铺砌由桔黄、蓝青色花岗石组成的"人"字型路面，长达390米，宽80米，共用花岗石石料3.12万平方米。中心干道可同时通过120列游行队伍，宽阔的广场可容纳100万人游行集会。改造后的天安门广场气势更加庄严雄伟，功能更加趋于完善，环境更加优美，在世人面前展现了一个与泱泱大国地位相称的国际化大都市城市中心广场的形象。

如今的游客，只要来到北京，天安门是首选的游览之地，这里即使在不是节假日的时候，仍是游人不断，这也显示了天安门在国人心目中的地位。

紫禁城栏杆上的圆洞是单纯的装饰品吗？

紫禁城栏杆上的圆洞，是清代顺治年间开始开凿的，它不完全是装饰品，它的另外一个作用是在紫禁城遇到安全问题时，在圆洞中插入特殊喇叭吹奏，起到宫廷警号的作用。

这些圆洞分布在太和门两侧以及其他一些宫殿门前的石栏杆上，一般在柱顶上有一种球形的雕刻物，全部呈花头形，而临近门洞外的几个在其顶端全部都有打穿的小圆洞，石柱沿着圆洞向下凿空，里面设有连珠石球。这些看似装饰的物品，不仅美观，而且有着其

他更为重要的作用。因为清朝初年，天下并不太平，所以每当遇到外敌入侵、战事警报或是火灾时，守兵便会以一种特制的铜喇叭插入圆洞中，用力吹，这样石柱就会发出海螺一样的鸣响，那浑厚嘹亮的声音会传遍整个紫禁城。

紫禁城在明清的时候也被称为"故宫"吗？

在明清的时候，紫禁城不被称为故宫。

紫禁城是世界上现存规模最大、最完整的古代木构建筑群，根据中国古代的传统，一个朝代灭亡后，其皇宫就被称为"故宫"，所以后来人习惯将紫禁城称为故宫。

它位于北京市区中心，始建于 1406 年，至今已 600 多年。紫禁城是明、清两代的皇宫，有 24 位皇帝相继在此登基执政。它占地 72 万平方米，建筑面积约 15 万平方米，拥有殿宇 9000 多间。1911 年辛亥革命的发生，结束了清王朝的统治。1924 年 12 月 5 日，清朝末代皇帝溥仪被迫离开皇宫。

故宫的整个建筑金碧辉煌，庄严绚丽，无论是平面布局，还是立体效果，都堪称无与伦比的杰作，被誉为世界五大宫之一。

一条中轴贯通着整个故宫，这条中轴又在北京城的中轴线上。在中轴宫殿两旁，对称分布着许多殿宇。这些宏伟华丽的宫殿分为外朝和内廷两大部分。外朝以太和、中和、保和三大殿为中心，文华、武英殿为两翼。内廷以乾清宫、交泰殿、坤宁宫为中心，东西六宫为两翼，布局严谨有序。故宫的四个城角都有精巧玲珑的角楼，建造精巧美观。宫城周围环绕着高 10 米，长 3400 米的宫墙，墙外有 52 米宽的护城河。

1961 年，故宫被国务院列为全国重点文物保护单位，1987 年被

联合国教科文组织确定为世界文化遗产。现在，故宫每年都吸引着来自中国各地和世界各地的上千万观众。

北京最早的皇家御苑是颐和园吗？

北京最早的皇家御苑不是颐和园，而是北海，它迄今已有近900年的历史，是世界上建园最早也是保护最为完整的皇家御园。

北海位于首都的中心地区，现在已经成为北京地区重要的休闲娱乐场所。它历经辽、金、元、明、清五个朝代的不断兴修，慢慢完善，形成了今天的布局。

大约公元10世纪，辽帝在燕京东北郊的湖泊地区建造离宫，当时的"瑶屿行宫"就是琼华岛的前身。金灭辽后，金世宗完颜雍于金大定六年至十九年（1166～1179年）在琼华岛营建大宁宫。1264年，忽必烈以琼华岛以及所在的湖泊为中心，建立了元大都，琼华岛便由原来的离宫演变为皇家内园。清乾隆时期大规模修建北海，形成了今天的北海公园。

"天坛走一走，处处都是九"中的九是巧合吗？

天坛的九并不是巧合。

封建王朝对九有特殊认识，他们认为九是阳数之极，表示至高至大，皇帝是天子，也至高至大，所以整个圜丘坛都采用九的倍数来表示天子的权威。所以天坛在设计的时候，就出现了很多九。"天坛走一走，处处都是九"就是这么来的。

天坛每层都有汉白玉栏板望柱，且均为9的倍数。上屋栏板72块，中层108块，下层180块，合360周天度数。在古代，中国人认为"天"是世间万物的主宰。而作为"天子"的帝王们为了维护所

一口气读懂地理常识

谓的"天授王权"，常常会举行祭天礼仪来表示对上天的崇拜。皇帝作为真龙天子，坐的是"九龙宝座"，后护的是"九龙屏风"，位居"九五之尊"。为此乾隆皇帝在扩建圜丘时，就明确提出数字寓意的要求。设计施工中，能工巧匠们又进一步发挥创造，圜丘台的设计竟然内含"九"数500余个，还有"九叠"之寓意。

亚洲最大的大比例微缩景观公园是圆明园吗？

亚洲最大的大比例微缩景观公园不是圆明园，而是北京世界公园。它位于北京市丰台区的北京世界公园，这里荟萃了世界上近50个国家，100多处闻名的人文和自然景观。

公园整体布局按照五大洲版图划分景区，以世界上著名古迹名胜的微缩景点为主体，荟萃了最著名的法国埃菲尔铁塔、埃及金字塔、巴黎圣母院、美国白宫、林肯纪念堂、国会大厦、澳大利亚悉尼歌剧院等建筑，以及意大利式、日本式花园等。

公园内设东欧、西欧、北欧、北美、南美、非洲、大洋洲、东亚、西亚、南亚等17个景区，水系分布按照四大洋的形状连通全园。园内的雕塑、雕刻有近百件，自由女神、尿童、丹麦美人鱼、大卫、肖邦、莫扎特、维纳斯等人物，精雕细琢，栩栩如生。另外园内还设有激光喷泉、植物迷宫、童话世界等娱乐场所。公园内还建有集餐饮、购物、娱乐于一身，体现异国情调的国际街及国际民俗村。

我国现存最完整的大型皇家园林是颐和园吗？

我国现存最大、最完美的皇家园林是颐和园。

颐和园位于北京西北郊，原名清漪园，始建于1750年，这时正

一口气读懂地理常识

是中国最后一个封建盛世——"康乾盛世"时期。

颐和园原为清代皇帝的行宫花园。全园占地约290万平方米，由万寿山、昆明湖等组成，共有3000多间各种形式的宫殿园林建筑。有万寿山、佛香阁、昆明湖、谐趣园、长廊、智慧海、知春亭、苏州街等著名景观，湖光山色，美不胜收。1860年的第二次鸦片战争中，清漪园被英法联军烧毁；1886年，清政府挪用海军军费等款项重修，并改名为颐和园，作为慈禧太后晚年的颐养之地；1898年，光绪帝在颐和园仁寿殿接见康有为，询问变法事宜；变法失败后，光绪被长期幽禁在颐和园中的玉澜堂；1900年，八国联军侵入北京，颐和园再遭洗劫；1902年清政府又予重修；清朝末年，颐和园成为中国最高统治者的主要居住地和处理朝政的地方；1924年，颐和园辟为对外开放公园；1961年3月4日，颐和园被公布为第一批全国重点文物保护单位；1998年12月2日，颐和园被联合国教科文组织列入《世界遗产名录》。

颐和园是晚清最高统治者重要的政治和外交活动中心，是中国近代历史的重要见证与诸多重大历史事件的发生地。

圆明园的名字是慈禧命名的吗?

"圆明园"这个园名不是由慈禧命名的，而是由康熙皇帝命名的。玄烨御书三字匾额，就悬挂在圆明园殿的门楣上方。为什么叫"圆明园"？雍正皇帝有个解释，说"圆明"二字的含义是："圆而入神，君子之时中也；明而普照，达人之睿智也。"意思是说，"圆"是指个人品德圆满无缺，超越常人；"明"是指政治业绩明光普照，完美明智。这可以说是封建时代统治阶级标榜明君贤相的理想标准。

圆明园本是我国最大的园林，其规模和艺术成就在世界上也属罕见，由于清朝政府的无能，后被八国联军洗劫，并制造了火烧圆明园的惨剧。奇迹和神话般的圆明园变成一片废墟，只剩断垣残壁，供游人凭吊。圆明园内本来陈列的大量国宝也被八国联军带回各自国家，先存于这些国家的博物馆中。

它位于北京市西北部郊区，海淀区东部，是一座举世文明的皇家园林。原为清代一座大型皇家御苑，占地约5200亩，平面布局呈倒置的品字形，圆明园由圆明园、长春园、绮春园三园组成，总面积达3500000平方米。圆明园的陆上建筑面积和故宫一样大，水域面积又等于一个颐和园。

圆明园汇集了当时江南若干名园胜景的特点，融中国古代造园艺术之精华，以园中之园的艺术手法，将诗情画意融化于千变万化的景象之中。

圆明园是一座珍宝馆，里面藏有名人字画、秘府典籍、钟鼎宝器、金银珠宝等稀世文物，集中了古代文化的精华。如果今天还和140年前一样，这座超巨型园林就是当之无愧的"世界园林之王"了。

历史上的圆明园，是由圆明园、长春园、绮春园（万春园）组成。三园紧相毗连，通称圆明园。雍正、乾隆、嘉庆、道光、咸丰五朝皇帝，都曾长年居住在圆明园优游享乐，并于此举行朝会，处理政事，它与紫禁城（故宫）同为当时的全国政治中心，被清帝特称为"御园"。光是悬挂了匾牌的就有600余座。

中华人民共和国成立后，十分重视圆明园遗址的保护，先后将其列为公园用地和重点文物保护单位，征收了园内旱地，进行了大规模植树绿化。圆明园园史展览馆，自1979年11月举办以来，至

今累计接待中外观众近400万人次，其中1/10为中小学生集体参观。

北京西山八大处指现在还存在吗？

历史上著名的北京西山八大处现在依然存在。

北京的西山八大处是北京地区重要的佛教圣地，来这里进香的游客络绎不绝，由于公园内有八座古寺（灵光寺、长安寺、三山庵、大悲寺、龙泉庙、香界寺、宝珠洞、证果寺），所以人们将这里叫做"八大处"。

八大处公园位于北京市著名西山风景区南麓，是一座历史悠久、风景宜人的佛教寺庙山地园林，是新中国诞生后北京首批重点文物保护单位、北京市一级公园、国家AAAA级景区。

八大处的八座古刹最早建于隋末唐初，历经宋、元、明、清历代修建而成。其中灵光、长安、大悲、香界、证果五寺均为皇帝敕建。灵光寺辽招仙塔中曾供奉释迦牟尼佛牙舍利，1900年毁于八国联军炮火，建国后经周恩来总理批准新建佛牙舍利塔。

八大处公园地处太行之西山余脉，翠微、平坡、卢师三山之间，又以自然天成的"十二景"闻名遐尔，古人即赞曰"三山如华屋，八刹如屋中古董，十二景则如屋外花园"；又有云"香山之美在于人工，八大处之美在于天然，其天然之美又有过于西山诸胜"。方圆3320000平方米，最高峰海拔464.8米。三山呈环绕状，形似一把巨大的太师椅，形成了八大处特有的冬暖夏凉的小气候，八大处的自然风景绮丽动人，四季风景如画：春天，满山遍野的杏花、桃花、迎春、连翘等纷纷盛开，团团簇簇，煞是好看；夏天，峰峦叠翠，苍秀清雅，鸟啼鹊啭，流泉汩汩；秋天，十多万株黄栌、火炬、元

宝枫等各种红叶树种，秋霜过后，满山流丹，处处好看；进入寒冬，银装素裹，积雪凝素。公园土质肥沃，植被丰富，森林覆盖率达到97.2%。

"京都第一瀑"是因为落差第一而得名的吗？

"京都第一瀑"是北京地区第一大瀑布，但它得名并非只是因为落差大，它的另一个特点是瀑布群数量第一。

"京都第一瀑"瀑布之源是柳河，柳河发源于怀柔县境内的云蒙山，它顺着云蒙山东麓流淌过程中，沿途汇集各路山泉细水，一路冲刷、切割造就了一系列自然景观，"六潭连珠"、"溅玉瀑"、"悬空瀑"、"思古潭"等等都是柳河的"力作"。"京都第一瀑"全程3千米，落差200米，碧绿透明的潭水被它打得如飞珠溅玉，近看有龙腾虎跃之势，远观如雾如烟。瀑布左边石壁上镌刻着"京都第一瀑"五个大字。它高62.5米，比离它不远的黑龙潭"通天瀑"还高出28米，一年四季常流不息，即使在冬春旱季，流量也有0.5立方米/秒左右。当阳光照到山谷中，它又呈现出七彩光环，似长虹飘落人间。水声轰鸣，空谷传响，雄浑而磅礴的气势使人流连忘返。

著名的步行购物天堂王府井大街是因为一口井而得名的吗？

以前，王府井大街只是一个不出名的村落，元代以后，人烟逐渐稠密，当时称之丁字街。明朝的时候，这里修起了10座王府，王府井也就初具规模，所以将街道的名字改为十王府街。清代时期废十王，改称王府街或王府大街。

现在的王府井大街，南起东长安街，北至中国美术馆，全长约1600米，是北京最有名的商业区。

像埃菲尔铁塔和香榭丽舍大街一样，北京王府井商业大街早已经名声在外了。而对于众多的游客来说，到北京一趟，逛王府井和爬长城一样，是必不可少的日程。这里汇聚了国内外的众多知名品牌，还有很多百年老字号，像盛锡福、同升和、东来顺、全聚德等，让这条街成了寸土寸金之地。

北京大学从建校开始就以这个名字命名吗？

北京大学，创建于1898年，最初的名字叫京师大学堂，是中国第一所国立大学，也是中国近代正式设立的第一所大学，其成立标志着中国近代高等教育的开端。

北大以中国最高学府身份建立也传承着中华数千年国家最高学府——"太学"的学统，是中国古代最高学府在现代的延续，自建校以来一直享有崇高的声誉。可以用"上承太学正统，下立大学祖庭"来评价北大的历史地位。

在中国近现代历史上，北京大学也有着举足轻重的作用，它是中国新文化运动的中心，是1919年"五四运动"的发祥地，也是多种政治思潮和社会理想在中国的最早传播地。北京大学因而在中国文化史和近现代历史中均享有重要的地位。

到了近代，由于它是我国大学的象征，很多前来北京游玩的游客都愿意到这里领略一下最高学府的迷人魅力，北京大学本身就像是一个大的"公园"，校园内有一个著名的湖叫"未名湖"，它和那座著名的"象牙塔"成了北京大学的象征。这两个地方，一年四季，都有游人前来参观，据说没有参加过高考的孩子绕塔三周将来就能考上好的学校。

北京的大学的后门，是游人留影纪念的好地方，这个门就是经常在电视和各种宣传片上看到的那个镏金大门，上面四个镏金大字（北京大学）烁烁生辉。

清华大学从建校就是以这个名字出现的吗？

清华大学最早的时候叫"清华学堂"。

清华大学地处北京西北郊繁盛的园林区，是在几处清代皇家园林的遗址上发展而成的。

清华和北大是我国两所具有象征意义的最高学府，并且他们的距离不远，一般去北大参观的游客也一定会到清华看一看。清华校园周围高等学府和名园古迹林立，校园内林木俊秀，水木清华；清澈的万泉河水从腹地蜿蜒流过，勾连成一处处湖泊和小溪，滋润着一代代清华学子高洁的志趣和情操。

清华大学的前身是清华学堂，它是在 1911 年建成的，当时是由美国"退还"的部分"庚子赔款"建立的留美预备学校。1912 年的时候，清华学堂改名为清华学校。1925 年设立大学部，开始招收四年制大学生，并开设研究院。1928 年更名为"国立清华大学"，拥有文、法、理、工等院系。

清华大学的初期发展，虽然渗透着西方文化的影响，但学校十分重视研究中华民族的优秀文化瑰宝。培养出了一大批高水平的学术大师，在中国近现代学术史上占据着重要的地位，可谓光耀西山。

清华的校训是"自强不息厚德载物"，它起源于 1914 年梁启超先生到清华以"君子"为题做演讲，演讲的内容中设计到《周易》"乾"、"坤"二卦的卦辞"天行健、君子以自强不息；地势坤、君子以厚德载物"。此后，学校制定这八个字为校训。

清华大学学生的座右铭是"行胜于言",凡是来到清华游览观光的游客,都能体会到校训和座右铭的魅力以及这所百年院校的辉煌与成就。

全国最高、最长的水上喷泉是山东的趵突泉吗?

全国最高最长的水上喷泉不是山东的趵突泉,而是天津的海河外滩公园的水上喷泉。

天津的母亲河是著名的海河,海河也是中国华北地区主要的大河之一。海河外滩公园坐落在海河江畔,是天津市海河开发中最早开发、最早竣工的项目。东起塘沽新华路立交桥,西至悦海园高层住宅小区,北至上海道解放路商业步行街,南临海河,平面呈不规则带状梯形。园内建有大型喷泉景观,其主喷高度达170米,东西全长360米,喷泉变化多达27种水型,并形成水中喷火、火在水中的独特景观,喷火火球直径2米,火球高度10～15米,火柱高度8～10米,堪称国内水景之最。

天津保存最完整、规模最大的古建筑群是文庙吗?

天津现存最完整、规模最大、历经500多年风雨的古建筑群是文庙(即孔庙)。文庙位于天津南开区东门内大街。

思想的张力和书香的醇厚,使得文庙穿越五个世纪而不褪色。

文庙的标志性建筑是泮池和牌楼。泮池其实是座架着石桥的圆形水池,泮池的水连通着海河,内壁探出几个石雕的龙头,这龙头可不仅仅是为了美观的摆设,还有一定的实际作用。据说泮池水位指向的龙头位置昭示着海河水位的深浅。如果水在龙舌处,表示水位恰到好处;要是水过龙鼻,就有洪涝的危险,以前的天津人就是

靠它的提示来防止灾害。文庙的牌楼始建于明代，后经明朝万历、清朝康熙和民国年间三次重修，现在的牌楼，东西各一，具有很强的艺术性，横额上分别刻着"德配天地"、"道冠古今"的金黄大字，这是对孔子至高至上的颂词。在两根高大的木柱上，通过三层横额和雕龙华板，由一簇簇制作精巧的斗栱，支撑着三座"屋脊六兽"的四座瓦顶。文庙牌楼不仅是天津地区仅存的两座过街牌楼，而且其二柱三楼式的木结构造型，在全国范围也不多见。

一个城市，教育的根基愈坚，积淀的文化愈厚，碰撞的时间愈久，沉淀的思想也就愈多，散发的人文光芒也就愈夺目。文庙是天津教育的苗圃，也是天津文化的摇篮。

清朝时期的承德避暑山庄是当时的陪都吗？

承德避暑山庄是清代中国的陪都和第二个政治中心。

清朝的康熙、乾隆皇帝时期，每年大约有半年时间要在避暑山庄度过，清前期重要的政治、军事、民族和外交等国家大事，都在这里处理。因此，避暑山庄也就成了北京以外的陪都和第二个政治中心。

避暑山庄，又名承德离宫或热河行宫，它位于河北承德，建造于18世纪初，占地约564万平方米，环绕山庄的宫墙就长达1万多米，是由皇帝宫室、皇家园林和宏伟壮观的寺庙群所组成。避暑山庄分宫殿区、湖泊区、平原区、山峦区四大部分，是中国现存最大的古代园林、帝王宫苑。

避暑山庄借助自然和野趣的风景，形成了东南湖区、西北山区和东北草原的布局，共同构成了中国版图的缩影。山庄的南端是宫殿区，是皇帝行使极权、居住、读书和娱乐的场所，至今珍

藏着 2 万余件皇帝的陈设品和生活用品。到承德避暑山庄旅游的最佳季节在秋季，坝上围场因秋季的盛会"木兰秋狝"而著名。坝上的秋天，收获的季节，彩色丰富，层次分明，还是旅游者绝佳的摄影季节。

定州塔是中国最高与最华美的古塔吗？

我国现存最高的砖砌古塔是定州塔，高达 84.2 米，享有"中华第一塔"的美誉。华塔是我国塔中最优美的代表，并且是我国砖塔中造型最为奇异、装饰最为华丽的塔。

定州塔位于定州市城内的开元寺内，故又名"开元寺塔"。定州塔共有 11 层，建在高大的台基上，塔基外围周长达百米，深度也将近百米。塔身呈八角形状，不同于宋以前早期塔的四方形式，显得雄伟大方，秀丽丰满。塔身为砖木结构。砖的规格不一，约有 10 多种。为了增加砖与砖之间的拉力，其中加筑了大量的松柏木质材料，所以当地流传着"砍尽嘉山（在曲阳县）木，修成定州塔"的民谚，可见当年建造工程之浩大和修造工艺之精巧。

华塔位于河北省石家庄市广惠寺内，又名多宝塔。华塔共有 4 层，各层檐下均配置华丽的砖仿木构斗拱。1 ～ 3 层平面作八角形，底层中部砖制斗拱，北侧辟一券门。二三层均设平座。第四层平面略呈圆形，外观如同一圆锥体。这是塔的主要部分，也是塔的精华所在，其高度约占全塔通高的 1/3。圆锥体内檐塔室供奉两尊石佛，外檐以八面八角垂线为中心，交错彩塑菩萨、力士、禽兽、狮、象以及楼台亭阁等形象逼真、题材广泛、构图新颖、排列有序、做工精巧。第四层周身如同一组雕塑艺术群，五光十色、光绝夺目。

我国最大的坐式铸铁佛坐落在铁佛寺吗？

铁佛寺的铁佛是我国最大的坐式铸铁佛，它高约8.24米，重约48吨。

东光铁佛寺坐落在河北省东光县普照公园内，建于北宋，距今已逾千年。铁佛寺有山门、天王殿和大雄宝殿三部分，大雄宝殿是寺内主体建筑，坐落在约2米，长约34.72米，宽约32米高的台基上，大雄宝殿正中的释迦牟尼坐像是现今我国最大的坐式铁铸佛像，佛像是中空的，素有"沧州狮子景州塔，东光县的铁菩萨"之称。1929年，直系军阀吴佩孚题写了"铁佛寺"横匾，挂于门上，现在"铁佛寺"匾为原全国政协副主席、中国佛教协会会长赵朴初所题。1986年，铁佛寺被重新修复，以其红色的山门、红色的围墙、红色的圆柱、红色的窗棂显示出独特的风采，蔚为壮观。1986年，铁佛寺被列为河北省重点文物保护单位。

赵州桥是中国最古老的桥吗？

赵州桥并不是中国最古老的桥，但它是中国最古老的石拱桥。

赵州桥原名安济桥，俗称大石桥，建于隋炀帝大业年间，至今已有1400年的历史。

赵州桥位于石家庄东南约40多千米的赵县，横跨洨河之上，因赵县古称赵州而得名，又称安济桥。赵州桥大约建于公元595～605年隋开皇年间。有史记载，据唐中书令张嘉贞《安济桥铭》记载："赵郡洨河石桥，隋匠李春之迹也"，所以说赵州桥是我国隋代杰出的匠师李春和众多石匠集体建造的。这座桥使用了1400多年，依然屹立不倒，成为桥梁建筑史上难得一见的秀美风景，已被国家列为

全国重点保护文物单位。它不仅是我国而且也是世界上现存最早，也是世界上现存单孔跨度最大、保存最完整的一座敞肩型石拱桥，对世界后代的桥梁建筑有着十分深远的影响，特别是拱上加拱的"敞肩拱"的运用，更为世界桥梁史上的首创。

赵州桥已被划入公园之中，公园也以此桥命名，叫赵州桥公园。这个公园占地约87000平方米，主要景点有"八仙"、"柴王推车"、"小放牛"、"李春"等雕像，赵州十景桥廊、龙泉亭、雪玉亭、重檐青石亭、观月廊、八角亭、瞰园阁等观景亭阁，展览室、陈列室、桥文化展室、民俗博物馆、名人书法碑林等展览馆室，乾隆碑、汉碑、国际土木工程古迹碑、赵州桥建桥1400周年纪念碑等。以赵州桥为中心的赵州桥公园，成为河北省集文化、旅游、休闲为一体的观光胜地。

中国北方最大的瀑布群是阜平瀑布吗？

河北保定阜平县城西南30多千米处的百草坨东侧，分布着9个大瀑布，是中国北方最大的瀑布群，还有一座由变质岩形成的桥梁，也是中国最大的天生桥。

阜平瀑布群的9个大瀑布，水流由上方瀑布跌落后穿过天生桥再流入下面的高瀑布，雄奇壮观，落差最高的瑶台山银河瀑布组合，形成一个天然地质奇观。九级瀑布，宛如9条巨龙，它们从崖壁上急流直下，最大的瑶台瀑布落差112米，奔腾的瀑布，势如奔雷走电的飞虹；有的瀑布如玉龙飞舞，气势磅礴；即使在枯水季节，它也有另一番风韵，有的瀑布银花飞溅，有的像喷洒的玉帘，犹如月笼轻纱，秀女拨弦，十分动人。这里清脆的流水声，就像少女弹奏的抒情曲，让前来游玩的人们随着水声走进美妙的意境。当山风扑来时，会带来阵阵"蒙蒙细雨"，在阳光照射下，晶亮如碎玉飘拂空

中，犹如天女散花。

华北第一大海岛是菩提岛吗？

菩提岛面积 2.34 平方千米，东西长 13.5 千米，均宽 50 米，是我国北方海域最细长的岛，也是我国独有的双道海岸线。

菩提岛全岛为沙性，这里沙丘密布，地势平坦，适宜沙浴、沙雕、日光浴等旅游活动。这座岛是经潮流作用形成的蚀余性岛屿，海岛特色明显，游人可充分体验吃海、住海、航海、观海的情趣。全岛草木丛生，有多种乔、灌木及花草植物，植被覆盖率达 98%。因植被茂盛，人员稀少，咸淡水及食物丰富，每年吸引着 400 余种鸟类来此栖息、繁衍，所以也被人称作"鸟岛"。岛上有修建于明朝的"朝阳庵"遗址，现存残碑一块及瓦砾，还有建于清朝的"潮音寺"，现存的只有后殿 5 间，里面有佛像及雕刻的 500 罗汉，刻工精细，前廊石柱有精致的石雕及楹联数副，足见当时佛事的鼎盛。岛上植有几百棵菩提树，菩提岛也由此得名。

白洋淀里最多的植物是白杨吗？

白洋淀里最多的植物不是白杨，而是芦苇。

白洋淀是由 140 多个淀泊组成，被 3700 多条沟濠连接，其中有 12 万亩芦苇，5 万亩荷花。每个淀和沟濠都是相连相通的，从而形成巨大的湖泊群，白洋淀还是华北平原上最大的淡水湖泊。

白洋淀位于河北省中部安新县境内，总面积 366 平方千米。这里物产丰富，一年景色四季各异。春季，水波浩森，芦苇翠绿，一片勃勃生机；夏季的白洋淀，莲菱蒲苇随风摇曳，满淀荷花盛开，湖区内白帆点点，是消暑清凉的好地方；秋季，白洋淀天高气爽，

气候宜人，鱼跳水面，蟹肥味香，鱼船队队，丰收繁忙；冬季，白洋淀白雪皑皑，是一个巨大的天然滑冰场，可任自由驰骋。白洋淀还有九大景点，荷花大观园、白洋淀文化苑、鸳鸯岛、异国风情园、白洋淀之窗、渔人乐园、元妃荷园、休闲岛和王家寨民俗村，是休闲旅游的好去处。

长城的"精华"在北京吗？

长城的"精华"不在北京，而是在河北。

据初步统计，目前我国的长城遗存总长度达 50000 千米。万里长城横穿河北，连接京津，在河北境内 2000 多千米，精华地段 20 余处，大小关隘 200 多处，是长城保存最为完整最具代表性的区段。只有领略河北长城，才能真正感受到长城之长、长城之壮美、长城文化之博大精深。

现在所说的万里长城，主要是指明代长城。它在明洪武元年（1368 年）开始修建，虽然长达 5000 千米，但精华部分却主要在河北境内。河北明长城位于明王朝的首都北京附近，建筑水平最高。长城大都用砖石建筑而成，平均高 10 米，下宽约 6 米，上宽约 5 米，可容 5 马并骑，规格之严，质量之高，建筑艺术之精，堪称万里长城之最。处于河北省滦平县和北京市密云县之间的长城，长 10 多千米，原封原貌，基本保存完好，构筑复杂，敌楼密布，建筑形式因山而异。敌楼一楼一式，一楼一样，式样繁多，各具特色。河北境内的长城，大多建造于燕山山脉之中，蜿蜒曲折，回环合抱，犹如巨龙逶迤，腾跃于崇山峻岭之巅，气势磅礴，变幻莫测，雄伟壮丽。河北长城的最东一段，极具特色，它的源头，俗称老龙头，顺势而下，伸入茫茫渤海，犹如神

龙汲水。

黄帝城是黄帝建造的吗？

黄帝城是中华民族的祖先黄帝建造而成的。

关于它的来历有这样的说法，传说蚩尤是南方九黎族的首领，生性残暴，渐失民心，为了壮大力量，扩充势力，带亲信攻打北方的部落首领黄帝。黄帝在九天玄女的帮助下，日夜操练，终于打败了蚩尤，统一了华夏部落，建设了中国第一座城池——黄帝城。

黄帝城又称涿鹿古城，位于涿鹿县城东南40千米的矾山镇西，南靠三堡村，西邻古城村，北与五堡村相望，东临古城水库。黄帝城占地面积约35.5平方千米，是夯打板垒起的黄土城墙，经过了5000年的风剥雨蚀，依然还存有宝贵的遗迹。

古城西、南、北三面城墙还完整地环绕着，只有东城墙有了缺口。根据测量得知，南城的墙长约510米，比北墙长约30米，东城墙长约500米，比西墙多约50米。墙基宽约50米，高约6米，上顶阔约2米。全城面积达2万平方米，原来只开一南门，城内按八卦阵法建街巷，内四阵名为"龙虎鸟蛇"，外四阵名为"天地风云"。唐代大诗人胡曾、陈子昂，宋代文天祥，元代解于枢，清代刘必绍等都曾前来瞻仰、凭吊，留下了许多宝贵的诗章。

最新版50元人民币上描绘的是黄河壶口瀑布吗？

你向往新版50元人民币上那翻江倒海、奔腾跌泻、气势磅礴的壮观景象吗？那情景描绘的就是黄河壶口瀑布。

壶口瀑布位于山西省吉县和陕西省宜川县之间，由吉县县城西行23千米，即可看到水势汹涌、涛声震天、国内外罕见的黄河奇观

"壶口瀑布"。由于这里的形状像巨壶沸腾，故名壶口。万里黄河到这里之后，滔滔河水从千米河床排山倒海似的涌来，滚滚洪流，到这里急速收敛，注入深潭，一下子从400多米宽收缩为50余米，聚于此地两岸夹山，河底石岩上冲刷成一条巨大的鸿沟。一幅惊涛拍岸，浊浪排空，倒卷半天烟云之势！"黄河之水天上来，奔流到海不复回"，唐代著名诗人李白脍炙人口的佳句，勾画出了大河奔流的壮观景象。明陈维藩在《壶口秋风》写到"秋风卷起千层浪，晚日迎来万丈红"，都可谓是真实写照。

有"古代中国华尔街"之称的城市是平遥古城吗？

平遥古城现今被人称为"古代中国华尔街"。清代晚期，总部设在平遥的票号就有20多家，占全国的1/2以上，一度成为中国金融业的中心。

平遥是中国古代商业中著名的"晋商"的发源地之一，其中规模最鼎盛时期在清道光年间，以"汇通天下"而闻名于世的中国第一座票号"日升昌"。"日升昌"票号作为中国现代银行的雏形，3年之后，它在中国很多省份先后设立分支机构。19世纪40年代，它的业务更进一步扩展到日本、新加坡、俄罗斯等国家。

平遥古城始建于西周宣王时期，春秋时属晋国，战国属赵国。秦朝时期设置平陶县，到了汉朝时期设置中都县，为宗亲代王的都城。北魏改名为平遥县。这座城至今已有2700多年的历史。城市的街道格局为"土"字形，建筑布局遵从八卦的方位，体现了明清时的城市规划理念和形制分布。城内外有各类遗址、古建筑300多处，有保存完整的明清民宅近4000座，街道商铺都能体现历史原貌，被称作研究中国古代城市的活样本。另外，平遥城和它的城墙是全国

保存最为完好的古城和城墙。

中国的"酒文化之都"指的是四川宜宾吗？

中国的"酒文化之都"是著名的杏花村，而不是四川的宜宾，杏花村位于山西省汾阳市城北，以悠久的汾酒历史闻名天下。

山西汾阳杏花村是中国酒文化史上具有代表性的一处酿酒圣地，杏花村的酿酒史也是中国酿酒史的一个缩影。早在1500多年前的南北朝时代，这里的杏花村酒已闻名国内。而且，历代的杏花村都以酿酒、酒文化闻名。盛唐时期，这里以"杏花村里酒如泉"、"处处街头揭翠帘"的壮观景象成为酒文化的古都。历史上，我国著名文人、学者李白、杜甫、二牧、宋延清、顾炎武、傅山、巴金、郭沫若等都赋诗赞誉。李自成进北京路经杏花村，停留三日，留下"尽善尽美"的题匾，杏花村曾一度因此更名为"尽善村"。现在的杏花村拥有全国唯一一座独立的汾酒博物馆，藏有中外各界名人的书画作品3000余幅，并兴建了"酒都碑廊"。

云冈石窟是唐朝时候修建的吗？

云冈石窟由著名佛教高僧昙曜奉北魏文成帝旨意主持开凿，始凿于北魏兴安二年（453年，另一种说法是和平元年，即460年），历时46年。

云冈石窟依武周山势的自然起伏，东西绵延1千米，现存主要洞窟50多个，大小造像51000余尊，为我国规模最大的古代石窟群之一。

云冈石窟的石像气势宏伟，内容丰富多彩，被誉为中国古代雕刻艺术的宝库。它以气势宏伟，内容丰富，雕刻精细著称于世。

按照开凿的时间可分为早、中、晚三期，不同时期的石窟造像风格也各有特色。主要分为东、中、西三区。从东至西，第一窟至第四窟为东区，第五窟至第十三窟为中区，第十四窟至第四十五窟为西区。第一窟、第二窟是云冈唯一的一组塔庙式双窟，两窟南壁均雕刻有维摩文殊问答像。第二窟前有云冈石窟的著名景观"石窟寒泉"。第三窟是云冈最大的石窟。第四窟的交脚弥勒像保存比较完整。

1500 年来，云冈石窟由于受到风化、水蚀和地震的影响毁损较为严重，新中国成立之前也遭到人为破坏，据不完全统计，被盗往海外的佛头、佛像竟达 1400 多个，斧凿遗痕，至今犹在。

五台山名字是因地形而来的吗？

我国佛教圣地五台山是由五座山峰环抱而成。五座山峰耸立，山顶没有林木，平坦如垒土之台，所以五台山是因地形而得名的。

五台山历史悠久，寺院达 360 多处，这里是驰名中外的佛教圣地，是文殊菩萨的道场，位列"佛教四大名山"之首，在日本、印度、斯里兰卡、缅甸、尼泊尔等国享有盛名。五台山方圆约 300 千米，五峰如五根擎天大柱，拔地崛起，巍然矗立，峰顶平坦如台。因山上气候多寒，盛夏仍不知炎暑，故又别称清凉山。五台山融自然风光、历史文物、古建艺术、佛教文化、民俗风情于一体，带给人们难得的享受。

中国最大的九龙壁是北京的九龙壁吗？

大同九龙壁，五彩斑斓、风格粗犷，是中国龙壁之最。中国现存完好的九龙壁有 3 座，除大同、北海公园的 2 座外，还有北京故

宫的 1 座。

大同九龙壁的体积比北海九龙壁大 3 倍多，而且建筑年代早 350 多年，建于公元 1300 多年的洪武年间，是明朝开国皇帝朱元璋第十三子朱桂代王府门前的一座琉璃照壁。

大同是北魏拓跋氏入主中原第一都，也是辽金两朝的陪都。其集魏、晋风韵为一身，辽金风流为一城，是闻名世界的旅游胜境。

另外，大同自古还有"凤凰城"的美誉。山西大同有南关、北关、东关，唯独没有西关。人们说南关象征凤凰头，东关是左面的翅膀，北关最长，象征凤凰的尾部。

最大的关帝庙在关羽的故乡吗？

山西省运城市解州镇常平村，是三国蜀将关羽的家乡，所以解州关帝庙被奉为武庙之祖，也是我国最大的纪念关羽的庙宇。

解州关帝庙创建于隋开皇九年公元 589 年，几度重修扩建，使这座宫殿式寺庙焕然一新。关羽为三国蜀名将，在我国民间享有威望，人们都称其为"关老爷"。为纪念他，在我国许多城乡建有关帝庙。

山西运城的关帝庙背湖面山，景色秀丽，庙坐北朝南，面积 18000 多平方米，整个布局，错落有续，分南北两部分，南以结义园为中心，周围有结坊、君子亭、三义阁、假山等。北面以崇宁殿为中心，崇宁殿是关帝庙的主殿，面宽 7 间，进深 6 间，重檐歇山式屋顶，殿前月台宽敞，勾栏曲折，檐下额坊雕刻富丽，斗拱密致，殿顶脊饰琉璃造件，殿周回廊有 26 根蟠龙石柱，气势十分雄伟。

"世界鸣沙王国"指的是哪里？

巴丹吉林沙漠发出的声音像无数飞机一起轰鸣，沉闷又深远，

数千米外都能清楚的听到。所以巴丹吉林沙漠也被称为"世界鸣沙王国"。

巴丹吉林沙漠位于我国内蒙古自治区阿拉善右旗北部，雅布赖山以西、北大山以北、弱水以东、拐子湖以南。面积4.7万平方千米，是我国第三、世界第四大的沙漠。

在广阔的沙漠之中，除了漫漫的黄沙，星星点点的湖水，还有美丽的绿色，为沙漠平添了几分生命的绿色。在沙丘的背风处，生长着一丛一丛的乔木、灌木、和草本植物，在无数的内陆小湖的四周，芦苇丛生，湖水碧波荡漾，水鸟嬉戏，很有一番"漠中江南"的意境，高大的沙山和晶莹的海子相映成趣，湖光沙色，叫人心静神怡，是游客放松身心的绝好去处。这里有丰富的动物、植物资源与大量的硅、铝、铁、钙等矿物资源，巴丹吉林沙漠是富庶的"聚宝盆"，有着巨大的开发价值。

中国版图中"鸡冠"的部分是什么地方？

如果把中国的版图看作啼晨报晓的雄鸡，那么呼伦贝尔就是鸡冠上的一颗明珠。

呼伦贝尔草原距呼伦贝尔大约2000多千米，它东起大兴安岭西麓，西邻中蒙、中俄边境，北起额市根河南界，南至中蒙边界，东西300千米，南北200千米，总面积约10万平方千米，天然草场面积占80%。波状起伏，坡高平缓，一般海拔为650～1200米，有天然种子植物653种，菊科最多。牧草茂密，每平方米生长20多种上百株牧草。天然芦苇70多万亩，药材428种，兽类35种，禽类241种，鱼类60余种。草原白蘑、秀丽白虾、三河牛、蒙古羊、享誉国内外。

每逢盛夏，游客就会来到此地，感受大草原的壮美。草原上鸟

语花香、空气清新，星星点点的蒙古包上升起缕缕炊烟。微风吹来，牧草飘动，大有"风吹草低见牛羊"的美丽景观。呼伦贝尔草原犹如一幅巨大的绿色画卷，无边无际。

另外，这里也是我国目前保存最完好的草原。

四大美女之一的王昭君葬在哪里？

昭君墓，又称"青冢"，蒙古语称特木尔乌尔琥，意为"铁垒"，位于内蒙古呼和浩特市南呼清公路9千米处的大黑河畔。

王昭君，名嫱，出生在兴山县宝坪村。晋时避司马昭讳，后人改称其为明君或明妃。

昭君墓位于包头黄河南岸鄂尔多斯市达拉特旗昭君坟乡的"昭君坟"。它北濒黄河，实乃一独立圆形岩石堆，高约70米，底部直径约210米，墓呈覆斗形，系人工夯筑的大土堆，巍峨高耸，远望如山。

传说，因每年凉秋九月，塞外草衰时，附近草木枯黄，唯独昭君墓上芳草青青，故古人称之为"青冢"，且唐代就见之于李、杜诗篇，以后常现于历代文学作品之中。由于昭君本人在里上上的重要贡献，"昭君坟"亦成较有名的旅游点，以此为中心建成昭君城旅游区。

辽大明塔为什么被誉为"神州第一塔"？

辽大明塔高80.22米，为全国第三高塔，体积则全国第一。该塔工程之浩大、造型之壮观、雕刻之精细而叹为观止，使人不禁肃然起敬。所以被誉为"神州第一塔"。

辽大明塔位于辽中京内城的正南门——阳德门外东侧。约建于辽兴宗重熙四年（1035年），为八角形13层密檐式实心砖塔。全塔由基座（6米）、塔身、塔刹三部分组成，基座每面长约14米，周

长约112米，直径约35.6米，体积庞大，是全国现存砖塔中最大也是保存最好的一座。塔的檐橡头上悬挂着共计1350只铜铃，清风徐来，千铃共鸣，如奏辽廷雅乐，让人叹服辽代劳动人民的智慧。

1961年，大明塔被列为全国重点文物保护单位。大明塔虽历经沧桑，但古韵犹存，凌空耸立，远在数千米外便能望见其绰约风姿。每当旅游旺季，游人云集塔畔，塞北大地这一奇景则愈益显示出其特有的历史辉煌。

被认为是"蒙古摇篮"的河流在哪儿？

额尔古纳河被认为是蒙古及许多草原游牧民族的摇篮。

额尔古纳河位于内蒙古呼伦贝尔的俄蒙边境线上，沿岸地区土地肥沃，森林茂密，水草丰美，鱼类品种很多，动植物资源丰富，宜农、宜牧，是游牧民族栖息的理想天堂。这里良好的自然环境，养育过许多古代少数民族，古代蒙古部落曾经在此游牧、渔猎，并深为这片美丽的家园而自豪。后来，成吉思汗就把他的弟弟合拙—哈萨尔分封于此，至今，在黑山头还有其王府遗迹。

额尔古纳位于额尔古纳河的右岸，是一个多民族的聚居区，主要是汉族、蒙古族、俄罗斯族、回族等。额尔古纳是蒙古人发祥地，境内留有蒙古祖先穴居遗址、室韦部落传说、三河原、黑山头古城遗址、金界壕等。这里除了有古老的文明和动人的传说外，这里还有油画般斑斓的风景，是充满异域风情安然而寂静的世外桃源，也是旅游者向往的地方，并且成为越来越多摄影爱好者的天堂。

成吉思汗陵墓在哪里？

蒙古族盛行"密葬"，现今的成吉思汗陵乃是一座衣冠冢，所以

真正的成吉思汗陵究竟在何处始终是个谜。这座衣冠冢经过多次迁移，直到 1954 年才由湟中县的塔尔寺迁回故地伊金霍洛旗，北距包头市约 185 千米，这里绿草如茵，一派草原特有的壮丽景色。

成吉思汗（1162～1227 年）是大蒙古国的开国大汗，是一位叱咤风云、显赫一世的蒙古族政治家、军事家。他出生于蒙古乞颜部孛儿只斤氏族，姓孛儿只斤，名铁木真，祖居今呼伦贝尔西北部额尔古纳河流域。1189 年被推举为汗，1206 年召开忽里勒台大会，成为蒙古国大汗，号成吉思汗。

成吉思汗是一位卓越的军事家、政治家，并且凭借这些才能缔造了横跨欧亚、总面积达约 3000 万平方千米的大蒙古汗国（帝国），也是世界历史上最大的帝国。1227 年 8 月，成吉思汗在征西夏军中病逝，终年 65 岁。子孙遵其遗嘱灭亡西夏，并按其临终提出的联宋灭金战略，灭金后又灭掉南宋，统一了中国。"一代天骄"成吉思汗，元初被追谥为圣武皇帝，庙号太祖。

他的陵园占地面积 55000 多平方米，主体建筑由三座蒙古式的大殿和与之相连的廊房组成，建筑雄伟，具有浓厚的蒙古民族风格。建筑分正殿、寝宫、东殿、西殿、东廊、西廊 6 个部分。整个陵园的造型，犹如展翅欲飞的雄鹰，极显蒙古民族独特的艺术风格。成吉思汗的灵柩是一个银棺，上缕蔷薇花纹。银棺用金锁锁着，放在一个方形的石台上。棺的右侧放着一把 2 尺多（约 0.67 米）长的战刀，左侧放着弓箭，这些都是成吉思汗生前使用过的武器。

成吉思汗陵是世界上唯一保留祭祀文化最完整的成吉思汗祭祀场所。

东北地区篇

沈阳故宫以前是哪个皇帝居住的地方？

沈阳故宫是清太祖努尔哈赤和清太宗皇太极两位汗王营造和使用过的宫殿，在皇太极没有入关之前，就居住在这里。后来迁都北京，这座皇宫就被称做"陪都宫殿"、"留都宫殿"，这里以完整、璀璨、浓郁的民族特色和独特的历史地位而著称于世。

沈阳故宫建成于 1636 年，其建筑布局可以分为三路，其中东路是最有特色的。大政殿居中，两旁分列 10 个亭子，称为十王亭，正门有两根盘龙柱。中路由南至北，依次建有大清门、崇政殿、凤凰楼、清宁宫。崇政殿是沈阳故宫最重要的建筑，是皇太极日常临朝的地方。崇政殿北有一凤凰楼，是当时盛京城内最高的建筑物。西部由南至北，依次建有嘉荫堂、文溯阁、仰熙斋。与崇政殿遥遥相对的大清门，是沈阳故宫的正门。门东边的配殿称飞龙阁，西称翔凤阁。崇政殿东侧的太庙是清帝祭祖的地方。西部的主体建筑文溯阁，它与圆明园的文源阁，北京故宫的文渊阁，承德避暑山庄的文津阁，镇江的文宗阁，扬州的文汇阁，杭州的文澜阁齐名，合称"七阁"，是珍藏《四库全书》的地方。

沈阳故宫博物馆所陈列的多半是旧皇宫遗留下来的宫廷文物，如努尔哈赤用过的剑、皇太极用过的腰刀和鹿角椅等，应有尽有，其中陈列的艺术品也很丰富。

辽宁有哪四大温泉？

辽宁有四大温泉：鞍山汤岗子温泉、丹东五龙背温泉、辽阳汤河温泉和营口熊岳温泉。

鞍山汤岗子温泉位于鞍山市区以南，占地面积约 45 万平方米，

为中国四大温泉康复中心之一。汤岗子温泉历史悠久，在具有浓郁民族风格的园林建筑中，共有温泉18穴，水温均在57℃～65℃之间，最高可达70℃。这里树木葱郁，楼舍鳞次，一泓碧水，小桥曲径，山亭飞阁，令人陶醉。

丹东五龙背温泉位于丹东市郊约22千米处，因地处五龙山背而得名，有"五龙神水"之称。温泉四季喷涌，水质纯净，色泽淡绿，温度42℃～78℃，日出水量500千克，地下蕴藏着丰富的天然温泉水，内含丰富的微量元素和化学物质，对许多疾病有良好的治疗效果。

辽阳汤河温泉原名柳河温泉，位于汤河镇中心的东西长约500米、南北宽约250米区域内，有热源井7口，自然水温72℃，是世界上稀有的氡泉。汤河地区同时还拥有优质的饮用矿泉，汤河冷泉则水清见底，四季喷涌，与热泉相映成趣。据科学部门考察验证，泉水含有防癌、抗癌的重要元素——硒，含硒量之大，居世界第二位。

营口熊岳温泉位于盖州市熊岳城东南白旗村，占地面积1.8平方千米，历史久远，早在唐代就开始利用泉水治病与健身。熊岳温泉水温保持在83℃～85℃。熊岳温泉地下热水为无色透明，pH为中性，属于高温、低矿化度的氯化物——硫酸盐矿泉。矿泉水中含有大量的钾、钠、硫氟、硫酸根等各种矿物质，对老年慢性病，尤其是皮肤病、风湿、类风湿关节炎有良好疗效。现有热水井19口。

千山的大佛节于每年的什么时候举行？

在每年的6月6日，届时千山都要举行隆重的佛事活动，即"千山大佛节"。

千山位于辽宁省鞍山市东约20千米处，原名千华山、千顶山、千朵莲花山、积翠山，千山自古就有辽东第一山、"东北明珠"等美誉。奇峰、怪石、苍松、梨花是千山的四大自然景观。千山占地面积约300平方千米，海拔700多米。山中奇峰叠嶂，怪石嶙峋，塔寺星罗棋布。因有峰峦999座，故得名"千山"。它那千沟万壑，苍松巨石、古刹禅院、松涛林海、流泉飞瀑吸引着广大游客，自古便为辽东名胜，有"千山无峰不奇，无石不峭，无寺不古"的赞誉。山中的五大禅林、九宫、八庵、十二观，与重峦密林相映生辉。千山以峰秀、石峭、谷幽、庙古、佛高、松奇、花盛而构成山石寺庙园林风格的自然风景区。

千山的宗教文化历史久远，早在1400年前的北魏时期佛教就传入此山，隋唐时期就有寺庙建筑，到辽金时代已达鼎盛，成为著名的佛教圣地。被誉为"自然遗产"、"世界奇观"的千山弥勒大佛。位于千山著名古庙"南泉庵"对面的山峰上，佛身高70米，肩宽46米，头高9.9米，头宽11.8米，耳长4.8米，五官清晰、四肢俱全。大佛坐东面西，胸前还隐约挂有佛珠，身上有天然山洞形成的佛脐，为中国三大巨佛之一。

鸭绿江大桥为什么又名"断桥"？

鸭绿江大桥有两座，两桥相隔不足百米。20世纪60年代经美军飞机多次轰炸，其中一桥毁为废桥。中方所剩四孔残桥保留至今，习惯称"断桥"，为市级文物保护单位，1993年6月动工修整，现已经成为了著名的旅游景点，命名为"鸭绿江断桥"。

发源于吉林省长白山的鸭绿江，流经吉林省、辽宁省的长白、集安、宽甸，在辽宁省丹东市注入黄海，全长约795千米。鸭绿江

江面辽阔，两岸风光秀丽，在入海口一带，盛产大银鱼。流域面积6.19万平方千米，是中朝两国的界河。

鸭绿江风景名胜区位于丹东境内鸭绿江下游的浑江口至江海分界处的沿江区，全长210千米，面积4000平方千米。景区内山水怡人，还遍布着历史悠久的名胜古迹，在鸭绿江上还能观赏中朝两国风光。鸭绿江风景区由100多个景点组成，其中有浩瀚秀美的水丰湖、傲然挺立江畔的虎山长城、弹痕累累的鸭绿江大桥、我国海岸线最北端的江海分界线和古人类洞穴遗址、原始村落遗址和现代园林建筑等，构成了丰富的自然景观和人文景观。

鸭绿江口最著名的岛屿叫什么名字？

在鸭绿江口之外，有着许多大大小小的岛屿，其中最著名的是大东沟附近海中的大鹿岛。

这个岛位于东沟县大孤山东南约19千米的海域中，长约4千米，宽约1.5千米，面积约5平方千米，由大鹿、小鹿两岛组成，互以浅滩相接，合称大鹿岛。

它因山形似花鹿昂首于海面而得名，是丹东沿海地区重要的旅游胜地。岛上森林覆盖率达87.5%，林木蓄积量达3300多立方米，有银杏、香樟、黑松、木麻黄、柳杉、红杉、北美鹅掌楸等204科534属近1000种植物，基本形成以木麻黄为主并与其他常绿阔叶、落叶混交的层林，构成良好的植被。

大鹿岛山岩高耸，兀立海面，形势威严而又十分险要。明朝末年，总兵毛文龙曾经在这里驻兵，把大鹿岛作为海上堡垒，以抗击后金对明朝疆土的侵犯。岛上现在还留有当时的一些痕迹，例如壕、炮台等，而且还从这里出土过铁盔、大刀、铁炮弹等古代兵器更证

明了这一点。1894 年 9 月，在大鹿岛附近的海面上，曾发生了日本帝国主义侵略中国的黄海海战。在这里参观古迹、眺望海景之时，追忆当年激战的场面，缅怀壮烈的勇士，无不令人感慨万分！

著名的无垢净光舍利塔修建于什么时候？

在沈阳市皇姑区塔湾街 45 巷 15 号，有一座无垢净光舍利塔，又叫塔湾舍利塔。这座塔修建于辽重熙十三年（1044 年），清崇德六年（1641 年）又重新修建过一次。在这里能看到著名的"塔湾夕照"，这是沈阳八景之一。

舍利塔是一座十三层密檐八角形砖塔，高度约 33 米，塔的整体可分为 5 个部分，他们分别是：地宫、塔座、塔身、塔檐、塔刹。其中，地宫位于基座下面，是埋葬佛舍利之处。据说这里有很多舍利，所以前来这里朝拜的人很多。塔座为八角形仰伏莲须弥座，高度约 1.7 米，每面宽约 5.5 米，整个塔是由砖砌而成，边角为花岗岩嵌条石，台的表面铺了砖，内高外低。塔檐下有砖雕斗拱，拱上托挑檐枋及挑檐掉以承托塔檐。塔刹八角形露盘上雕仰莲一层，承托圆形覆钵。

1985 年在修塔时发现此塔为空心，较为罕见。中宫为圆锥形，上有天花，下有地板，内有壁画。该塔于 1988 年 12 月定为省级文物保护单位。塔的后面原来建有舍利，又名回龙寺。

"天下第一怪坡"位于什么地方？

闻名世界的"天下第一怪坡"位于沈阳城北的新城子区，距沈阳约 35 千米。

这个坡长大约 98 米，坡度在 30°左右。之所以说它是天下第一怪坡，是因为：开车下坡时，明明是空挡，可车不是一顺溜往下滑，

反而缓缓向坡上倒退，非得挂上挡，才下得了坡；而上坡时，居然不费吹灰之力，自然上行。在"怪坡"上步行，也有上下坡颠倒的感觉。俗话说，水往低处流，更绝的是，拿一瓶矿泉水，把它倒在坡上，只见水不是顺坡往下流，而是向上、向左右两侧漫开。

吉林雾凇有什么美称？

与桂林山水、长江三峡和云南石林合称为中国四大自然奇特景观的吉林雾凇，被国内外游人誉为"人间绝景"。

吉林雾凇俗称"树挂"，是由雾、水蒸气遇冷冻结并凝聚在物体迎风面上的疏松的呈针状和粒状的乳白色微小冰晶或冰粒，远远看去，就像一层霜，薄薄地涂在枝条上。雾凇这一奇特的自然景观的形成需要特殊的气候条件。冬天，气温降到 –20℃ 以下，但是由于丰满水电站巨大涡轮机组日夜运行，河水穿过涡轮机时，温度升高到4℃以上，所以从丰满水电站至吉林市区，数十千米的江面并不结冻，并且有水汽升腾，笼罩沿江地带。这样江面与寒冷的地面之间形成气压差，飘浮的水蒸气与雾一起在夜间的江岸垂柳上凝华成晶莹乳白的晶状雾凇。吉林雾凇持续时间很长，最鼎盛的时候一个冬天有60多天可以看到这种"千树万树冰花开"的奇景。游客在春节前后去观赏，更能领略到吉林雾凇的壮观绮丽。

除了姿态美丽之外，吉林雾凇也有很多实际的用处。由于吉林雾凇结构很疏松，密度很小，能够吸收空气中漂浮的尘土，所以吉林雾凇还被称为空气的"天然清洁工"。

为什么长白山的石头上浮而树木沉在水底？

石头沉水底，木头浮水面，这是最基本的常识。然而在长白山

上，却是有石头漂浮在水面上，而有木头可以沉到水底。这种石头叫浮石，是几百年前长白山天池火山爆发后、喷出的岩浆形成的。它全身是孔，孔中灌满了空气，因而质量很轻，所以能漂浮于水。能沉于水底的木头是生长在长白山顶部海拔1700米左右，叫岳桦树，它是十分稀少的珍贵树种，它的木质坚硬，比重很大，放在水中不能漂浮，却像石头一样沉底。

长白山风光绮丽、景色迷人，它地处我国东北腹地、吉林省的东南部，是中国与朝鲜的界山。长白山上奇异的景色和质朴的风光，堪称天下一绝。远望长白山，好像是一条雄伟的蟒龙横亘在白雪之下，轻纱般的白云拂着她的脸颊，深蓝的天空映衬在她的身后，葱绿绵长的体态，显示出了这高大山脉的雄姿。她那常年积雪、高插云霄的群峰，像群舞时朝鲜族少女的珠冠，银光闪闪；那色彩斑斓的山峦，犹如孔雀开屏，艳丽迷人。

有游人总结说："长白山之美，美在自然，美在神奇"。由于千百年来人迹罕至，自然资源和景观很少遭到破坏，故而这里成为世界上自然生态和原始面貌保存较好的景区之一。长白山经过大自然鬼斧神工的长期雕琢，她的面貌显得越发清秀、俊美，雄浑和巍峨。那里所见所闻都是那样的奇特。游人来到这里，不仅可以领略雪山的神秘，更能观赏到奇峰、奇石、奇泉、奇水、奇花、奇草、奇树、奇兽，令人大开眼界，叹为观止。

长白山大峡谷在什么地方？

长白山大峡谷位于长白山西坡，这里险峻神奇的自然景观，来过这里的游客都说它的壮观程度可与美国的科罗拉多大峡谷相媲美。

长白山大峡谷长70多千米，宽近200米，是火山爆发后熔岩石

表面的火山灰和泥土被江水、雨水冲刷所致。著名的北锦江从谷底流过，两岸怪石林立，奇景迭出，看上去犹如泼墨画卷，美不胜收。

这条大峡谷是火山爆发时期形成的地裂带，在峡谷西侧，一个昂首挺立的怪石站在半坡上，它具有虎豹的神情，又有史前恐龙的形态，很难找到一个合适的名字给他命名。更让人惊叹的是这怪石的身边还有很多酷似卧狮、猛虎、熊、梅花鹿等各种动物的岩石相伴，形成了一道独特的风景。有些游人看了之后猜想这可能是亚洲大陆最北端留存的恐龙化石，还有的游人怀疑这就是天池怪兽的真实原形。

大峡谷除了景色迷人之外，还有另外一点就是非常神秘，深入峡谷的森林考察小分队还曾在大峡谷的谷底和谷壁上发现过许多奇怪的印迹。这其中最神秘的莫过于在陡立的峭壁上，有一行之字形的脚印均匀地镶在岩石上。虽然说形状像脚印，但又不能肯定它就是人类的脚印。因为，每一个脚印都将近 1 米，难道这是外星人留给地球的印痕？还是古籍中记载的长白山野人和毛人留下的行踪？或者说是传说中的长白山天池水怪所为……种种猜测不断，但正是这种神秘，让更多的游客愿意到这里看个究竟，现在这里已经成为一个著名的旅游胜地。

天池海拔有多少米？

长白山天池又名龙潭，因为它所处的位置高，海拔 2194 米，所以被称为天池。它坐落在吉林省东南部，是中国和朝鲜的界湖，湖的北部在吉林省境内。

天池南北长 485 千米，东西宽 335 千米，呈椭圆形。湖面面积 10 平方千米，平均水深 204 米。据说中心深处达 373 米。在天池的

周围有 16 座山峰，天池湖水深幽清澈，像一块瑰丽的碧玉镶嵌在群山环绕之中。

天池的水是来自天然降水和地下泉水，能蓄水 20 亿立方米，是一个巨大的天然水库。湖周的峭壁高达百丈，被群峰环抱。天池的气候瞬息万变，常有蒸气弥漫，时而风雨，时而雾霭，令人如临仙境。在天气晴朗的时候，峰影、云朵倒映在碧池之中，色彩缤纷，景色诱人。这里曾经盛传湖中有怪兽，至今仍为一谜。它的周围有小天池镜湖、长白温泉带等诸多胜景，是人们休闲和旅游的绝佳胜地。

哪里被称为"鹤的故乡，鸟的天堂"？

在风景如画的嫩江之畔，有一方神奇而美丽的地方，被人们称为"鹤的故乡，鸟的天堂"，那就是吉林省莫莫格国家级自然保护区。

莫莫格国家级自然保护区位于松辽沉降带北段，松嫩平原西部边缘，由嫩江及其支流冲积、洪积而成的平原，平均海拔约 142 米。总面积 144000 万平方米，其中水域面积 26700 万平方米；芦苇、沼泽面积 77300 万平方米；草原面积 1500 万平方米；林地面积 11600 万平方米；其他面积 13400 万平方米；其中湿地面积占全区总面积的 80% 以上，为吉林省最大的湿地类型保留地。

世界上现存的鹤有 15 种，中国有 9 种。在长期的生物进化过程中，有 6 种鹤选择了莫莫格这块神奇的土地作为栖息地，其中有 3 种鹤在这里繁殖。保护区属温带大陆性季风气候，春旱风大，夏热多雨，秋燥凉爽，冬寒雪少。该区生态景观分为江河湖泊水域湿地、芦苇沼泽湿地、苔原小叶草湿地、碱蓬碱草湿地。保护区内有种子

植物 600 余种，其中药用和经济植物有 361 种。鸟类近 300 种，分 16 目 43 科。由于莫莫格自然保护区具有物种珍稀濒危性、生物多样性、物种代表性的重要性等多种显著特征，引起了国际、国内各类保护组织的极大关注。

莫莫格游览区，非常适合观光旅游，这里的交通十分便利，平齐铁路从县内通过，公路四通八达，住宿、饮食等基础设施齐全，是观鸟旅游的理想地方。

被誉为中国大陆"日月潭"的是哪个潭？

以独特的造型而闻名于世的台湾日月潭，是台湾著名的旅游胜地。在中国内地，也有一处可以与日月潭媲美的地方，被人们誉为"绿色的明珠"，它就是吉林长春的净月潭，那里山清水秀、林木繁茂，空气清新宜人，一年四季，景色各异，令人目不暇接，流连忘返。

净月潭的得名和日月潭也有类似之处，它是因为进筑坝蓄水呈弯月形而得名。净月潭风景名胜区是我国最大的人工林场，有浩瀚的林海，依山布阵，威武壮观，构成了含有 30 多个树种的完整森林生态体系，单生长有 50 年以上的人工林场就有 8000 多万平方米，如此浩瀚的人工林海，为亚洲之最。

净月潭风景名胜区分为潭北山色、潭南林海、月潭水光和潭东村舍四个景区，这里以水景为主，山村为衬托，并且植被丰富。一年四季都游人不绝，春天可以去那里踏青；夏天非常凉爽，是泛舟、垂钓、游泳、纳凉的好去处；到了秋天，各种树木的叶子把这个地方装扮得像天堂一样美丽；冬季这里更是显示了北国特有的风光，千里冰峰、银装素裹、潭水凝玉，是滑冰滑雪的天然乐园……净月

潭至今已形成多树种、多层次、多结构独自特色的森林景观。成为踏青、春游、野营、登山、观花、赏月、避暑度假的理想环境。

提到净月潭，就不能不提观潭山上的太平楼，这座建筑典雅别致，是集古今建筑精华于一体的艺术杰作。这里也是观看净月潭的最佳位置。

黑龙江的名字是怎么来的？

在中国的最北方，有一条著名的大江，也就是现在的黑龙江。其实在古代，这条江不叫黑龙江而叫白龙江，因为传说这江里住着一条凶恶的白龙。但是现在，为什么大家都把这条大江叫做黑龙江呢？

关于名字的变化还有一个古老的传说：很久以前，这条江里盘踞着一条白龙，经常兴风作浪，使江水泛滥，田野荒芜，危害百姓，导致东北地区人烟稀少。这里有户人家，就住在大江的附近，生下了一个长着黑龙尾的孩子，认为这是怪物，赶走了孩子。在江边，孩子遇上了一个孤独的老人，老人看他可怜，便收留了他。渐渐的，孩子长大了，知道江边有白龙作怪的事，主动请缨，去降伏白龙，苦战了几个昼夜，终于战胜了白龙，人们为了感谢这个孩子，便将这条江叫做黑龙江。

中国最大的熔岩堰塞湖在哪儿？

中国最大的熔岩堰塞湖是镜泊湖，古时候称它湄沱湖，《汉书·地理志》中称其为湄沱河。它位于黑龙江省东南部张广才岭与老爷岭之间，距东北边陲新兴工业城市牡丹江市约有 110 千米。

据地理学家考察，镜泊湖底曾是牡丹江上游的古河道，1 万年以前，这一带火山喷发，汹涌奔流的玄武岩流壅塞牡丹江河床，凝固

后形成了堤岸，堵塞了上游的河谷，形成了这一我国最大的高山湖。这种由于火山熔岩堵塞河道而形成的湖泊，叫做堰塞湖。

镜泊湖平均水深为 40 米，由南向北渐深，最深处达 62 米。全湖分为北湖、中湖、南湖和上湖四个湖区，总面积约为 90.3 平方千米。

镜泊湖的湖岸多港湾，湖中大小岛屿星罗棋布，而最著名的湖中八大景却犹如八颗光彩照人的明珠镶嵌在这条飘在万绿丛中的缎带上。这最著名的八大景是——吊水楼瀑布、大孤山、白石砬子、小孤山、珍珠门、城墙砬子、道士山和老鸹砬子。镜泊湖充满原始天然的风韵，山重水复，曲径通幽。

黑龙江的哪个城市被称为"冰城"？

被成为中国"冰城"的是黑龙江的省会哈尔滨，它位于松花江畔，是中国东北重要的工业城市和交通枢纽以及政治、文化、经济中心，也是我国历史悠久的文化名城和旅游城市，以太阳岛风光、东北虎林园、松峰山、二龙山等著名的旅游胜地名扬天下。

哈尔滨在历史上是一座移民城市，对外经贸联系密切，经济区域化程度、人文国际化程度很高，是多种文化的汇集地。哈尔滨地处我国东北地区，冬季气候寒冷，适合冰文化的发展，哈尔滨人虚心学习外地甚至外国先进的冰雪文化，在不断地摸索中创造新的成果。现在除了哈尔滨，像沈阳等北方城市也都有以冰雪为主题冰雪节。但是哈尔滨的冰雪节历史悠久，也是规模最大、最具有知名度的。

每年冬季来临的时候，这里都会举办著名的冰雪节，届时会有著名冰灯游园会，主要是观赏冰灯，还有冰雕、雪雕比赛。冰雕、雪雕比赛一般是没有灯的，适合白天欣赏。冰雪大世界是哈尔滨著名的游乐园，主要是各种娱乐的冰设施，也有很多冰灯和雪雕在里

面。这里汇天下冰雪艺术之精华、融世界冰雪游乐于一体，集思想性、艺术性、观赏性、参与性、娱乐性于一体，场面宏大壮阔，造型大气磅礴，景致美仑美奂，被誉为恢宏壮阔的"冰雪史诗画卷"。

哈尔滨创造出了水乳交融的中外多元化冰雪文化。哈尔滨人传承了华夏儿女古老的冰雪文化，使这座北方名城成了中国的现代冰雪文化的肇兴之地、各项冰雪活动的领军城市，并跻身于世界冰雪文化繁荣城市之列。

在我国唯一能观赏到北极光的地区在哪？

在黑龙江北部的大兴安岭地区，有一个边陲小镇——漠河镇，这里也是中国唯一能观赏到北极光的地区，它位居中国的最北端，素有"中国的北极村"的称号。

这里山峦叠翠，万顷林海一片碧波，江河湖泊，水光掩映，静谧清新，自然风光纯朴。每逢夏至，前来观赏"北极光"和"极昼"的游人络绎不绝。

漠河是中国纬度最高的县。因为纬度高，所以漠河地区在夏季会出现极昼现象，同时常有北极光出现。每年夏季，漠河的白天便越来越长，晚上也相应地越来越短，尤其是夏至前后半个月，每晚只有子夜时分一两个钟头，天色稍微昏暗一些，随后又是朝霞似锦，旭日高悬，黑夜变成了"白夜"。到了冬季，情况正好相反。极光和白夜是漠河地区独有的自然景观，因此也是该地区主要的旅游项目。

我国最大的滑雪旅游度假区在哪？

亚布力滑雪旅游度假区是我国最大的滑雪旅游度假区。

这个滑雪度假区始建于 1980 年，它位于黑龙江省尚志市东

南部亚布力镇。这里有高山竞技滑雪的运动雪场（海拔1374米，最大落差900米）和休闲滑雪的旅游雪场（海拔1000米，最大落差600米），占地面积22.55平方千米，共分为初、中、高级雪道30多条，雪道总长度40000米，单条雪道最大长度5000米，架空缆车总长度约10000米，可供出租的各类雪具约5000副，总床位数约2000张，结冰期限170天，滑雪期在每年的12月到来年3月共120天，每年接待游客20万人，是目前我国最大的滑雪旅游度假区。

亚布力滑雪场位于原始森林之中，大锅盔山顶长有全国稀有的伏地松，分布着1亿年前地壳运动形成的高山石海。

亚布力滑雪旅游度假区与世隔绝、风景迷人，这里有高山、森林、湖泊、山溪和丰富的植被、纯净的空气。还有充满北国风情的高山石海、爬地偃松、植物园、好汉泊水库、森林小火车和风车网阵等，令人心旷神怡。世界旅游组织官员皮艾尔先生在写给中国政府和联合国开发署的考察报告中称赞亚布力的生态环境是："宣传中国东北旅游的一张王牌"，认为"亚布力有可能成为亚洲最大的四季旅游度假胜地之一"。

仙鹤的故乡是哪里？

扎龙自然保护区每年四五月或八九月间，有两三百种野生珍禽云集至此，遮天蔽地，蔚为壮观，颇受世人瞩目，该地繁殖最多的就是中外闻名的丹顶鹤，故素有"仙鹤的故乡"之称。

扎龙自然保护区位于位于松嫩平原齐齐哈尔市东南约26千米处，面积约21亿平方米。区内芦苇沼泽广袤辽远，湖泊星罗棋布，河道纵横，水质清纯、苇草肥美，沼泽湿地生态保持良好，被誉为

鸟和水禽的"天然乐园"。保护区内栖居鸟类多达150种，主要保护对象为丹顶鹤等珍禽。

该湿地横跨二区四县，是乌裕尔河下游失去河道，河水漫溢而成的一大片永久性弱碱性淡水沼泽区，由许多小型浅水湖泊和广阔的草甸、草原组成。沼泽地最大水深0.75米，湖泊最大水深达5米。该区生息繁衍着鱼类46种，昆虫类达277种，鸟类260种，兽类21种。其中丹顶鹤、白枕鹤、白头鹤、闺秀鹤、白鹤和灰鹤均为国家重点保护的一、二级动物。芦苇沼泽和塔头苔草是丹顶鹤的主要栖息地，由于人类难以进入这些地区，所以为这些珍贵水禽的生存和繁衍创造了极其有利的条件。

扎龙湖位于乌裕尔河下游齐齐哈尔市与大庆市交界处。在这个大型自然保护区附近，遍布着许多村子，都有居民居住，这里居民的主要任务是湿地保护，水禽、鹤类科研繁育等。

位于松花江中的著名岛屿叫什么名字？

位于哈尔滨市的松花江中的岛屿，太阳岛名气最大。它是松花江的一个沙洲，坐落在松花江北岸，全岛面积逾10平方千米，是哈尔滨市主要的风景区和旅游胜地。

太阳岛的标志是江边一块刻着"太阳岛"三字的石碑，石碑右侧是一个滨江浴场，是理想的游泳场所。对岸有一个沿江构建的公园，公园里的十里长堤风景迷人。

太阳岛的沙滩上阳光充沛，是最佳的天然浴场。人们一会儿到江中嬉戏游泳，一会儿到岸边小憩或谈心，真是其乐无穷。水底沙细坡缓，即便不会游泳的游客，也可在水中游玩。玩累了，更可以躺在沙滩上闭目养神，尽情享受日光浴。

太阳岛上种满了各种花草树木景色优美，空气清新。到了仲夏时节，太阳岛上绿树成荫，芳草萋萋，是人们野游、野浴、野餐的绝好去处；深冬，岛上白雪皑皑，玉树琼枝，堆雪人，做雪雕，成为冬游不可多得的好去处。进入白杨林中的小木屋，你会觉得进入了童话世界；进入太阳山、金河木材、锦江长廊、太阳湖荷花池又使你置身江南水乡；而踏足友谊园，你又会产生异国他乡的梦幻。

华 东 地 区 篇

亚洲第一高塔——"东方明珠塔"有多高?

矗立在上海黄浦江畔、浦东陆家嘴嘴尖上的东方明珠塔,塔高468米,与外滩的万国建筑博览群隔江相望,是亚洲第一、世界第三高塔。它是上海的标志性建筑,就像游人到北京一定会去天安门一样,几乎所有到上海旅游的人,都会将这一景点列为自己的旅游地之一。

东方明珠塔由三根直径约为9米的立柱和塔座、下球体、上球体、太空舱等组成。设计者富于幻想地将11个大小不一、高低错落的球体从蔚蓝的天空中串联至如茵的绿色草地上,而两颗红宝石般晶莹夺目的巨大球体被高高托起,整个建筑浑然一体,创造了"大珠小珠落玉盘"的意境。

塔体内有6部电梯,其中一部是可载50人的双层电梯,还有一部在上球体和太空舱间运行。上球顶高295米,有旋转茶室、餐厅和可容纳1600人观光平台。上下球之间有5个小球,是5套高空豪华宾馆。灯光在电脑操纵下可以产生1000多种变化,令人叹为观止。

从底部到达东方明珠的观光球乘电梯只需40秒钟,在263米高的地方极目远眺,整个上海的景色尽收眼底。蜿蜒的黄浦江上,巨轮如梭,连绵入海。巨大的球体在五彩灯光的装饰下,光彩夺目,群星争辉,更显得晶莹剔透。

东方明珠塔是集观光、餐饮、购物、娱乐、游船、会展、历史陈列、广播电视发射等多功能于一体的综合性旅游文化景点。东方明珠塔业已成为上海的标志性建筑,荣列上海十大新景观之一。

有上海"威尼斯"之称的古镇叫什么名字？

朱家角素有上海"威尼斯"、沪郊"好莱坞"之誉，它又名珠街阁，雅称珠溪，俗称"角里"，原名朱家村。

苍苍九峰北麓，茫茫淀山湖之滨，有块 47 平方千米成折扇形的小镇，镶嵌在湖光山色之中，这就是朱家角，它座落于青浦县，水陆交通便捷，风景优美，物产丰裕，是上海保存最完整的江南水乡古镇。1991 年被上海市政府命名为四大历史文化名镇之一。

朱家角历史悠久，民风淳朴，文化积淀深厚，早在 5000 年前的良渚时期就已经有人类活动，在朱家角的淀山湖底，曾经发现新石器时代至春秋战国时代的遗物可以作为其历史悠久的证据。这个地方在 1700 多年前的三国时期，已经形成村落、集市；明朝万历年间已成为商贾云集、烟火千家的繁华景象。现存的众多名胜古迹，处处都散发着浓郁的文化韵味。

朱家角镇区有 36 座古桥，古朴典雅，9 条长街临水而建，民居宅地依水而建，统一的明清建筑，典雅大方。尤其是横跨于漕港上的明代建筑五孔石拱放生桥，造型优美，极为壮观，是上海地区最古老的石拱桥之一。镇西北有马氏课植园，亭台楼阁，风格各异，布局稀疏得体，有望月楼、五角亭、逍遥楼、宴会厅、打唱台、书城、书画廊等建筑。镇区还建有一批现代化旅游设施，淀山湖畔建有亚洲最大的水上运动场、设施先进的上海国际高尔夫乡村俱乐部，大淀湖旁建有现代化旅游度假区。

台湾已故著名作家三毛，到此曾为"小桥、流水、人家"的格局而迷恋，为清纯幽静，处处可画、时时有诗的风情而陶醉。中共

一口气读懂地理常识

中央政治局委员、国务院副总理吴邦国在视察了古镇朱家角后，不禁欣然命笔，写下了"全国历史名镇朱家角"几个大字。

"芙蓉镇"——枫泾有哪四宝？

枫泾有四宝，分别是丁义兴蹄子、桂花状元糕、天香豆腐干和黄酒。

枫泾地处上海西南，它是一个有1500多年历史的文明古镇，地跨吴越两界。这里保存着完整的江南食、宿习惯，有人将这里的名吃称为四宝，他们分别是丁义兴蹄子，这种蹄子经过八道工序精制而成，冷吃、蒸吃均可，色香味俱全；桂花状元糕，因清朝乾隆二十二年，乡人蔡以台考中状元而得名，这种糕点素有"上口香甜松脆，老少皆宜"的赞誉；天香豆腐干又名枫泾豆腐干，具有咸甜香鲜多种口感，既是宴席冷盘小酌上品，又是荤素菜的调味菜，并且有充饥解渴生津的功效，风味独特；黄酒，这种酒是江南地区很盛行的酒品之一，它采用精白糯米、优质小麦酿成，具有味甘醇厚，香气馥郁芬芳等特点，适量常饮有促进食欲、舒筋活络、解除疲劳之功效。

枫泾镇古镇是典型的江南水乡，大部分人家都是沿河建房。密布的河道上船只往来，船只成了人们的主要交通工具，方便而惬意。镇区内河道纵横，桥梁也必不可少了，枫泾素有"三步两座桥，一望十条港"之称。至清末，全镇桥梁有52座之多，现在还保留了10余座，历史最悠久的是南大街旁建于元代的致和桥，古朴苍劲，桥身石缝长出了清幽幽的青苔，两头桥塊下都筑有石阶水码头。从桥上望去，两岸绿树翠丛，古屋河埠，前有虹桥平卧，后有石桥横跨，处处小桥流水人家。

上海外滩指的是哪个地方?

上海外滩指的是北起苏州河口的外白渡桥、南至南浦大桥路段,全长 4 千米,是上海十大新景观和十佳旅游景点之一。它的东侧是黄浦江和外滩新堤岸,外滩西侧矗立着各种风格迥异的中西建筑,是近代上海历史的缩影。

近百余年来,外滩一直作为上海的象征出现在世人面前。这里的主要景点有:建于 1927 年的上海海关大楼,位于中山东一路,是上海海关所在地。大楼面临外滩的一端,高 8 层,上面是 3 层高的四面钟楼。入口的大厅藻井以彩色马赛克镶拼的帆影海事图案为饰,甚为精美。这个建筑的上部具有装饰艺术派建筑特色,是上海的标志性建筑之一。

外滩观光台建于浦江边,全长约 1700 米,观光台实则建造在伸向浦江上的空箱式结构防汛墙上。它的地面是用 14 万块彩色地砖和花岗石铺成,观光台临江有 32 个半圆形花饰铁栏的观景阳台,64 盏庭柱式方灯。放眼望去,可以领略到黄浦江的迷人风采,欣赏到陆家嘴日新月异的靓丽新姿。

外滩观光隧道地处上海钻石地段,隧道的浦西出入口位于外滩陈毅广场北侧,隧道的浦东出入口位于国际会议中心南侧,紧挨东方明珠。隧道内壁由高科技手段营造的各种奇异的色彩变换不停,黄色的海星,粉色的花朵,形状各异的几何图案,各种充满生机的地球生物,跃动着生命的力量,引人遐思。

有"中华商业第一街"称号的街是哪条街?

南京路步行街是上海乃至全国最繁华的商业街和规模最大的商

贸中心,从20世纪30年代起就已举世闻名,素有"中华商业第一街"的称号。

南京路步行街并不在南京,而是位于上海市黄浦区,它西起西藏中路,东至河南中路,步行街的东西两端均有一块暗红色大理石屏,上面是江泽民主席亲笔题写的"南京路步行街"6个大字。

商业繁荣是南京路永恒的主题,这里沿街的商店可谓是名牌老店的总汇。市百一店、华联、新世界还有友谊、伊都锦商厦、置地广场和先施公司等大型商场都是有着鲜明国际特色,它们使步行街又成为万国商品博览街,在这里不用出国便能购买到世界各地商品。

到了夜晚,南京路步行街就成了一座不夜城。夜幕降临的时候,各个建筑物顶部和立面的霓虹齐放,错落有致,流光溢彩,成了五色缤纷的海洋。而在世纪广场中,五光十色的彩灯、激光映射在体现古典气质、悠久文化的东方宝鼎和音乐喷泉上,动静相宜,遥相呼应,构筑了美仑美奂的浪漫场景,令游客流连忘返。

周公馆是怎么得名的?

1946年5月根据"双十"协定,周恩来率领中共代表团前往南京与国民党进行谈判。当时中共代表团租下了这幢房屋,原打算将其作为中共办事处,但国民党当局不同意,6月18日,从南京来沪的董必武果断地说:"不让设办事处,就称'周公馆'。"周公馆因此而得名。

周公馆以前是中国共产党代表团驻沪办事处旧址。它位于卢湾区思南路73号,是一幢三层楼花园洋房,以前是法国在华商人的住所,进门就能看见藤萝花架,看上去幽静宜人。在绿茵茵的草坪中央,栽有一棵枝叶茂盛的大塔松。

后来，按照中共中央指示，中共代表团撤回延安，在撤离时，周公馆就交给了"民主同盟"代为保管。之后，房屋被国民党上海政府强行非法接管，家具陈设已经全部流失。新中国成立后，在原址设纪念馆，周恩来、董必武卧室等部分房间恢复原来摆设，另外还开辟了陈列室介绍当年的历史。1959年列为市级文物保护单位。现在，前去这里参观的游客看到的家具陈设均为复制品。

方塔园在什么地方？

方塔园位于松江县内，是一座以观赏古迹为主的园林，也是一座集中展现上海人文历史文化的经典园林，主要历史文物有宋代方塔、明代大型砖雕照壁、宋代望仙桥、明代楠木厅、清代天妃宫等。

全园占地面积12万多平方米，建于北宋熙宁、元佑年间，距今已有900多年的历史，在南宋和元、明、清时都进行过多次修葺，修复过程中保留了宋代遗留下来的斗拱111朵。塔高42.5米，共9层，塔身修长，造型美观，被誉为江南地区名塔中造型最美的塔。公园原址曾为唐宋时期古上海（华亭县）的闹市中心，北宋年间（公元1068～1094年），这里就建造起闻名江南的兴圣教寺塔。到了明朝，府城隍庙、关帝庙等大型寺庙又在这儿兴建起来。明清期间，兴圣教寺塔北侧有一条当时松江古城内最为热闹的街道——三公街。随着历史的变迁，为了保护好这些古上海的历史人文遗迹，上海市园林局于1978年聘请上海同济大学的著名园林设计专家冯纪忠教授，在继承我国传统园林风格，吸取国外园林特点的基础上，设计建造了方塔园。1982年正式对外开放。

天马山的名字是怎么来的？

天马山山势陡峭，山体脊线近东西方向，因山形如行空天马、

首昂脊弓而得名"天马山"。

天马山位于天马乡境内，佘山西南约 10 千米，在县城西北约 11 千米。相传春秋时吴国干将铸剑于此而得名。这座山上有多处名泉，位于朝真道院餐霞馆后的濯月泉，被人称为"天下第四泉"。在半珠庵左边有濂泉和濂池，这里的泉水味淡且甘，可供茗饮。另外在天马山中峰元代宣抚使周显祠的下面有一眼泉水名"上清泉"，也是著名的泉水之一。

天马山是佘山九峰十二山中山林面积最大、海拔最高的一座山，山林面积约 95 万多平方米，海拔高度约 99.8 米。

天马山的历史非常悠久，这里人文荟萃，古时候是佛教圣地，所以现在山上多梵宫寺院。每当初一、十五的时候，就会有很多香客登山进香，场面很壮观，所以人们又将天马山叫做"烧香山"。山上著名寺庙曾有五代建的园智教寺，在寺后的半山间有一座千年斜塔名叫"护珠宝光塔"。此外还有元代大德年间建造的朝真道院和东岳行宫，明代成化年间建的上峰寺、中峰寺等。

上海的玉佛寺因什么宝贝而闻名？

玉佛寺是上海的近代名刹，位于安远路江宁路口，因寺内供奉玉佛而闻名。

玉佛寺建于 1918 年，整个建筑布局严谨，结构和谐，气势恢弘，如一气呵成。中间天王殿、大雄宝殿、玉佛楼依次排开，两侧卧佛堂、弥陀殿、观音殿错落有致。门拱飞檐，殿宇巍峨，是独具一阁的仿宋宫殿式建筑群。

清光绪八年（1882 年），普陀山慧根法师经五台、历峨嵋、入西藏、至缅甸，在华侨陈君普的赞助下，经缅甸国王的允准，开山取玉，雕琢

了玉佛五尊。光绪十五年，慧根自缅甸返回普陀山，路经上海。因为当时招商局的江天轮没有起重机，无法起运重达一吨的玉佛，清王朝铁路大臣盛宣怀的父亲便请慧根法师留下玉佛，慧根法师便留下了两尊玉佛；一尊坐佛，供奉在玉佛楼上；一尊卧佛，供奉在卧佛堂中。

辛亥革命后寺废，1918 年在今址重建，1928 年建成。现玉佛寺为仿宋宫殿式建筑，结构严谨，殿宇壮丽。该寺供奉的玉佛，高 36 米，宽 27 米，是我国目前最大的玉佛。这尊玉雕佛像色泽晶莹，神态庄严，身上佩戴无数玛瑙翡翠宝石，为稀世珍品。寺内还藏有清代乾隆版《大藏经》一部，计 7000 余册，另有各种佛教用物。玉佛寺的素斋技艺精湛，色形味俱佳，到玉佛寺吃素斋，已成为上海美食家的一种享受。随着旅游业的发展和旧城区的改造，玉佛寺的东侧，崛起了一座集商业、花园小区、住宅楼为一体、建筑面积 17 万平方米的"玉佛城"。城内飞瀑流泉、桃红柳绿，一派祥和。寺内晨钟暮鼓，几多悠闲，繁华闹市有如此一片净土，十分难得。

上海市著名的儒学圣地指的是哪里？

上海的文庙坐落在文庙路 215 号，它是上海市中心城区唯一的儒学圣地。

文庙占地约 17 亩，据说是在元代的时候修建的，新中国成立后，人民政府拨款重修，并列为文物保护单位。虽然在"文革"期间，遭到严重破坏，但改革开放以后，政府再次拨款修葺和重建了一批建筑和景点，使文庙初步恢复原貌。

文庙内有棂星门、尊经阁、放生池、荷花池等建筑及景点。游客走进文庙的大门，首先看到的就是著名的大成钟，传说这口钟在铸造时加入了黄金成分，所以每次回响都持续 3 分 22 秒，并且声音

浑厚有力，游人大多会在此逗留一会才会离开。孔子的雕像矗立在钟的左侧，使大成殿平添了几分肃穆。大成殿的正中央是孔子和两个得意门生颜回、曾参的塑像，俗成"三圣塑像"，在两侧128块的青石板上有著名书法家刘小晴挥毫的石刻体《论语》，全文银勾铁画，气势不凡，是文庙的另一个重要看点。两边的厢房陈列了300多幅明清人士的对联，游人至此，书香诗意，盎然其中。北进按照建制建造，体现了浓厚的儒学色彩，庄重大气的尊经阁，看上去雄伟气势，重檐翘角在严谨的风格中透出玲珑，是设计师的得意之作。东侧便是文化瑰宝"魁星阁"，它和周围的百年古树、斑驳文案融合在一起，给文庙增添了几分沧桑感。

豫园是谁建造的?

豫园是明刑部尚书潘恩之子所建，距今已有400余年历史。

据说嘉靖三十八年（1559年），潘允端以举人应礼部会考落第，萌动建园之念，在上海城厢内城隍庙西北隅的大片菜畦上"稍稍聚石凿池，构亭艺竹"，动工造园。

当时潘允端在《豫园记》中注明"匾曰'豫园'，取愉悦老亲意也"。"豫"，有"安泰"、"平安"之意。足见潘允端建园目的是让父母在园中安度晚年。但因时日久拖，潘恩在园刚建成时便亡故，豫园实际成为潘允端自己退隐享乐之所。

豫园位于上海老城厢东北部，北靠福佑路，东临安仁街，西南与老城隍庙、豫园商城相连。它是老城厢仅存的明代园林。园内楼阁参差，山石峥嵘，湖光潋滟，素有"奇秀甲江南"之誉。园内有穗堂、大假山、铁狮子、得月楼、快楼、积玉水廊、玉玲珑、涵碧楼、听涛阁、内园静观大厅、古戏台等亭台楼阁以及假山、池塘等

四十余处古代建筑，设计精巧、布局细腻，以清幽秀丽、玲珑剔透见长，具有小中见大的特点，体现明清两代南方园林建筑艺术的风格，是江南古典园林中的一颗明珠。

据说清朝末年小刀会起义时，曾以园内点春堂为城北指挥部。豫园也几经兴废，解放后，人民政府对豫园进行了大规模修葺，当年景观大半恢复。豫园修复后正式对外开放，30多年来，以其秀丽景色和众多文物，吸引着无数中外游人。20世纪60年代初，陈云、陆定一、郭沫若、谢觉哉等国家领导人相继来园游览，有的留下墨宝，成为珍贵文物。80年代来园参观的外国领导人日益增多。1986年10月15日英国女王伊丽莎白二世在江泽民、吴学谦等陪同下，先在湖心亭品茗听曲，后沿九曲桥步入豫园游览。10余年来，豫园先后接待来自世界各地数十个国家的元首和政府首脑。

豫园内还收藏上百件历代匾额、碑刻，大都为名家手笔。豫园1959年列为市级文物保护单位，1982年2月由国务院公布为全国重点文物保护单位。

孙中山先生在上海的孙中山故居居住了多久？

中山故居位于香山路7号，由当时旅居加拿大的华侨集资购买赠送给孙中山先生。孙中山先生和夫人宋庆龄从1918年到1924年底，在上海的寓所里共住了6年。1961年被列为全国重点文物保护单位。

在这里，孙中山改组了国民党、达成第一次国共合作、完成《孙文学说》等著作。故居内陈列着孙中山先生使用过的指挥刀、军事地图、文房四宝等物品，都是按照宋庆龄生前的回忆安排布置的，基本上保持了当时居住时的原貌，楼下是客厅和餐厅，楼上是卧室、

书房和小会客室。客厅中央悬挂的照片是孙中山先生任临时大总统时拍摄的，镜框由红、黄、蓝、白、黑五种颜色的木头拼成的，代表当时的五色国旗。

上海的鲁迅故居是鲁迅先生最后的居所吗？

鲁讯先生于1927年10月从广州来到上海，到1936年是10月19日逝世，在上海整整生活了9年，现在上海的鲁迅故居就是鲁迅先生最后的居所。

他到上海后，先后住在虬江路景云里和山阴路大陆新村9号，并经常去内山书店，也多次去过虹口公园，甚至在鲁讯逝世时就有人想过，要把虹口公园改名为鲁讯公园，因此，后来将鲁讯的墓从万国公墓迁到了虹口公园内，1956年10月，鲁讯逝世二十周年时，园内一座江南民房风格的鲁讯纪念馆建成，并于1988年，正式改名为鲁讯公园。

鲁迅故居是一幢红砖红瓦的3层楼房，为鲁迅生前居住和工作的寓所。在这里，鲁迅从事了大量创作、翻译、编辑工作，还组织了"中国自由运动大同盟"和"左联"活动。现屋内陈列着主人生前用过的珍贵物品和写作用具。

最大的跨江大桥是哪座桥？

南京长江大桥是继武汉长江大桥、重庆白沙陀长江大桥之后第三座跨越长江的最大的一座大桥，也是目前位置最大的一座跨江大桥。

南京长江大桥位于长江下游，南京市西北面的长江上，连通市区与浦口区，是长江上第一座由我国自行设计建造的双层式铁路、

公路两用桥。南京长江大桥于 1960 年动工，1968 年底全面建成通车，共用了 9 年时间，根据统计，总共用去钢材 10 多万吨，水泥 100 多万吨，耗资计人民币 2.8 亿元。公路桥全长 4589 米，宽 13.50 米，正桥全长 1577 米，可并行 4 辆大型汽车。江中正桥共有 9 墩 10 孔，每个桥墩高达 80 米，每墩底部面积 400 多平方米，最高的桥墩从基础到顶部高 85 米。墩与墩之间的距离除北岸第一孔是 128 米外，其余 9 孔均为 160 米，桥墩间可行万吨巨轮。正桥两端有 4 座 70 多米高的桥头堡，非常壮观。尤其到了晚上，桥栏杆上的 1048 盏泛光灯齐放，桥墩上的 540 盏金属卤素灯把江面照得有如白昼，加上公路桥上的 150 对玉兰花灯齐明，桥头堡和大型雕塑上的 228 盏钠灯使大桥像一串夜明珠横跨江上。

南京长江大桥的南北两边，有面积约 200000 平方米的大桥公园，里面种植着各种花草树木，使南京长江大锈更显雄伟秀丽。

南京长江大桥的建成，不仅沟通了我国南北交通，而且成为古城金陵的四十八景之一。

江苏的哪个公园被称为"天下园林之母"？

江苏苏州的拙政园被誉为"天下园林之母"。

它主要分为三个部分：东部为"归田园居"，以田园风光为主；中部是以池岛假山取胜的"复园"，是拙政园的精华部分；西部也称为"补园"，园内建筑物大都建成于清代，其建筑风格明显有别于东部和中部。

拙政园初建于明正德四年（公元 1509 年），取名"拙政"是因晋朝《闲居赋》里的"筑室种树，逍遥自得……灌园鬻蔬，以供朝夕之膳……此亦拙者之为政也"，有朴实之人在自家花园为政的

巧意。

拙政园没有明显的中轴线，没有传统的对称格局，大都是因地制宜，错落有致，疏朗开阔，近乎自然，是苏州诸多园林中布局最为成功的范例。人们信步走在游廊里，随着漏窗花纹的更换，园内的景色也在不断地变幻。这种现象，被称作"移步换景"。

以拙政园为代表的苏州园林，处处充满着诗情画意的青山绿水，时时洋溢着温情脉脉的家庭气氛，全园体现了淡泊明志的人生哲理，正是古人们苦苦追求的"人间天堂"。近年来，拙政园充分挖掘传统文化内涵，推出自己的特色花卉，每年春夏两季举办杜鹃花节和荷花节，届时花姿烂漫，清香远溢，旅游者可选择这个时候前去参观，能更加深刻地体会到素雅幽静的古典园林之美。

狮子林名字的由来？

这座园林是元代僧人天如禅师为纪念他的老师中峰禅师所建。第一道门门额上"师子林"的师，就是老师的师。后因园内假山众多，状如狮子，在写法上又改为狮子林，一直沿用至今。

狮子林系苏州市四大名园之一，位于城东北的园林路上，始建于元代至元年间，距今已有600多年的历史了。

九狮峰是由湖石假山堆砌成的，细心寻找，会发现9只狮子形态不同，憨态可掬，天真可爱。狮子林共有大小不同、形态各异的狮子500头。经走廊往西，我们便到了花篮厅。花篮厅因厅内柱端雕有花篮状，饰有花篮图案而得名。狮子林既有苏州古典园林亭、台、楼、阁、厅、堂、轩、廊之人文景观，更以湖石奇峰，而盛名于世，素有"假山王国"之美誉。

周庄这个名字是怎么来的？

北宋时，当地有个周迪功郎信奉佛教，将庄田13万平方米捐给全福寺作为庙产，百姓们感其恩德，所以将旧名贞丰里更名为周庄。

周庄位于江阴市东郊，有900余年的悠远历史和文化底蕴，构成了江南水乡"小桥、流水、人家"的独特风貌。被誉为"集中国水乡之美"，是江南水乡古镇的典范。

四条河道交叉形成"井"字形将古镇分割，形成8条街道，15座各式小桥彩虹般横跨在"井"字形的河道上，给周庄增添了风采。镇上大部分居民住宅都临港背河。过街骑楼、临河水阁、水墙门、长驳岸、河埠廊坊、穿竹石栏、水巷幽弄、深宅大院，处处显露出古朴幽雅，是中国水乡古镇风貌的"活化石"。围绕全镇的有澄湖，白蚬湖，淀山湖，南湖和30多条大小河流，镇上有4条主河道，因此周庄自古有"水乡泽国"之称，总面积36平方千米，圆圆小镇，宛如飘在水面上的一片荷叶。旖旎的水乡风光，特有的人文景观，传统的建筑格局，淳朴的民间风情，令人神往留连。

《白蛇传》里"水漫金山"的传说发生在哪里？

位于镇江市西北的金山寺，是民间传说《白蛇传》中"水漫金山"的地方。

金山寺建于东晋，至今已有1600多年历史。原名泽心寺，亦称龙游寺。这里充满历史传说与神话故事，古人赞为"江南名胜之最"，由于金山原是扬子江中一个岛屿，所以又被称为"江心一朵芙蓉"。

金山寺的建筑，规格宏伟，别具一格。自从建成以来，金山

寺的建筑不知经过多少次兴建和更改，但都始终保持其固有的特色。从山脚到山顶，一幢幢殿宇厅堂，一座座亭台楼阁，栉比相衔，把整个金山密密地镶饰起来，仿佛整个金山就是一座宏伟壮丽的寺庙，山与寺浑然一体，殿宇栉比，亭台相连，遍山布满金碧辉煌的建筑，以致令人无法窥视山的原貌，因而有"金山寺裹山"之说。

金山寺景点甚多，主要游览景点有江天禅寺、夕照阁、观音阁、慈寿塔、古法海洞、留云亭、妙高台、七峰亭、白龙洞等景点。

瘦西湖为什么会用"瘦"来形容？

瘦西湖并不是西湖，而是扬州城西的一湾碧水。两三百年前，杭州诗人汪沆从钱塘来游扬州，感到瘦西湖与西湖有着异曲同工之处，于是欣然写道："也是销金一锅子，故应唤作瘦西湖"。他把这里比作杭州的"西湖"，而冠以一个"瘦"字，这个称呼就此叫开了。

瘦西湖风景区位于扬州的西北部。这里景色怡人，融南秀、北雄于一体，组合巧妙，互为因借，构成了一个以瘦西湖为共同空间，景外有景，园中有园的艺术境界。在清代康、乾时期就已形成了现在的基本格局，有"园林之盛，甲于天下"之誉。最盛时期以二十四景著称于世。所谓"两堤花柳全依水，一路楼台直到山"，说的就是这里的景象，其名园胜迹，散布在窈窕曲折的一湖碧水两岸，逶迤穿梭的湖道，串以卷石洞天、西园曲水、虹桥揽胜、长堤春柳、荷浦熏风、四桥烟雨、梅岭春深、水云胜概、白塔晴云、春台明月、三过留踪、蜀冈晚照、万松叠翠、花屿双泉等景点，如颗颗明珠镶嵌交织在玉带上，漫步其中，俨然一幅渐渐展开的国画长卷。

"江南桥都"甪直一共有多少座桥？

只有 1 平方千米的古镇甪直，在宋、元、明、清时代的有石拱桥 72 座半，现存的桥有 41 座，造型各异，各具特色，古色古香。被誉为"江南桥都"。

甪直位于吴淞江畔，距今有 2500 多年的文明历史。这里是神州水乡古镇的佼佼者。因为甫里塘把江与镇相连通，所以古时候又被称做淞江甫里村。又因该镇为阳澄湖等五个湖泊所拱抱，被称为"五湖之汀"。

镇上现有主街道 9 条，街面是由卵石及花岗石铺成，街坊临河而筑，前街后河，人在桥上走，船在水中行。街道两旁店铺林立，商业发达，游客络绎不绝。民居住宅均为黛瓦粉墙、木门木窗、青砖翘脊，大多为明清时代的房子，墙壁上还带有花纹。古镇区共有 58 条巷子，最深的巷子长达 150 米，里弄内的房屋有 3 进、5 进、6 进，最深的为 7 进。

甪直特有古老文化、名胜古迹、古街、古桥、古民宅以及具有 1300 多年历史的古银杏树都令人赞叹不已。镇上河水清清，环境幽雅，名胜古迹星罗棋布，鸭沼清风、分署清泉、吴淞雪浪、海芷钟声、浮图夕照、渔莲灯阜、西汇晓市等被先人们概括为"甫里八景"。虽然历经历史的磨难，大部分已经被拆除，但仍能依稀看到其当年的风采。

哪里享有"淮东第一胜境"的美誉？

大明寺有"淮东第一胜境"之称。

它位于扬州北郊，雄踞在蜀冈中峰之上，是名扬四海的千年

古刹。

　　大明寺及其附属建筑，因其集佛教庙宇、文物古迹和园林风光于一体而历代享有盛名，是一处历史文化内涵十分丰富的民族文化宝藏。

　　大明寺初建于南朝宋大明年间（457～464年），故称"大明寺"。隋朝时候在寺里建"栖灵塔"，所以大明寺又称栖灵寺；它历经多次战火，毁坏之后得以重建，现在主要景观由寺庙、栖灵塔塔院、鉴真纪念堂、仙人旧馆、西苑芳圃五部分组成。

　　大明寺山门正门是木质牌楼，依山面水，四柱三楹，中门之上朝南有篆书"栖灵遗址"四字，北有篆书"丰乐名区"四字。进庙门，便是天王殿。正中供奉袒胸露腹、笑口常开的弥勒佛，背后是佛教护法神韦驮立像；天王殿北门，为一大庭院，院中正殿为大雄宝殿。大雄宝殿三楹三檐，三层檐下悬"大雄宝殿"横匾。

齐天大圣孙悟空的花果山在哪里？

　　花果山位于江苏省连云港国家重点风景名胜区云台山。

　　花果山山门建成于1996年，是在传统古城门的基础上，用现代表现手法加以创新的。游客走进山门，就能感受到强烈的《西游记》氛围。正门是孙悟空的头像，背衬像太阳的圆形图案，意味着功德圆满，经轮常转，孙悟空保唐僧到西天取来真经，功德圆满，被如来封为斗战胜佛。

　　花果山景区集山石、海景、古迹、摩崖、神话于一体，旅游资源丰富。景区分为7个游览区，区内共有100多个景点。山上树木郁郁葱葱，花果满山，奇峰异洞，怪石云海，景色神奇，使游人感受到《西游记》中美猴王的极乐世界。屏竹禅院是花果山中最为清

幽的一个处所，也是老老方丈的住处，在过去，一般游人和僧侣想进去看看都是很不容易的。屏竹禅院实际上是一个景群，它包括邮票碑、金镶玉竹林、惠心泉和禅院，这四者互相联系，缺一不可。这里的大圣佛像，是利用自然石凿成的孙大圣头像，供孙大圣的信仰者祭祀。

另外还有那与《西游记》故事紧密相联的名胜贯穿一气，如孙悟空降生的娲遗石、栖身的水帘洞、妖魔七十二洞、唐僧崖、八戒石、沙僧石、石猴等，神形惟妙惟肖，栩栩如生。

另外，这里的特有的冬青桃、金镶玉竹、人参果、猕猴桃为花果山四绝。

两汉文化风景区的"汉代三绝"分别是哪三绝吗？

楚王陵、汉兵马俑、汉画像石为汉文化的精髓，被称为"汉代三绝"。

两汉文化风景区位于在徐州市云龙区东部，区内有汉代墓葬中的代表龟山汉墓，闻名遐迩的九里山古战场，中央电视台外景基地徐州汉城、宛朐侯刘艺墓、刘楼火山汉墓、末代楚王墓以及有着几十万年历史的白云洞和唐代贞观时期的白云寺，总占地面积940000平方米。

对外开放的狮子山楚王陵、汉兵马俑博物馆两处均为国家级重点文物保护单位，也是景区的核心景点。此外，景区内还有汉兵马俑、骑兵俑坑和马俑坑，已探明有待发掘的汉代墓葬群等遗迹，是徐州两汉文化遗存最集中的地区。墓葬群工程浩大，气势雄伟，可谓鬼斧神工，撼人心魄，体现了汉代粗犷豪放、大朴不雕的美学风格，特别是墓的设计和施工，处处凝聚着汉代建筑设计师和工匠的

高超智慧和精巧技艺，甚至很多方面是当代高科技仍无法破译的千古之谜。

南京夫子庙供奉的是谁？

夫子庙是孔庙的俗称，是供奉和祭祀孔子的地方。

南京夫子庙始建于宋，位于秦淮河北岸的贡院街旁，是由文教中心演变而成的繁华闹市。人们通常所说的夫子庙，实际包括夫子庙、学宫和贡院三大建筑群，是秦淮风光的精华。南临秦淮北岸，从文德桥到利涉桥，东起姚家巷，西至四福巷，北邻建康路东段。今天我们所见的夫子庙建筑，一部分为清末重建，一部分为近年重建。东西坊门上的刻字为曾国藩手迹。

它利用秦淮河作它的泮池南岸有照壁，北岸庙前有聚星亭、思乐亭；中轴线上建有棂星门、大成门、大成殿、明德堂、尊经阁等建筑；另外庙东还有魁星阁。由于时代要求，孔庙现已成为群众文化活动场所。1985 年修复夫子庙古建筑群，周围茶肆、酒楼、店铺等建筑也都改建成明清风格，由于时代要求，孔庙现已成为群众文化活动场所。每年农历正月初一至十八，这里都会举行夫子庙灯会。南京市政府还修复了夫子庙古建筑群，改建了夫子庙一带的市容，许多商店、餐馆、小吃店门面都改建成明清风格，并将临河的贡院街一带建成古色古香的旅游文化商业街。

"新西湖十景" 分别是哪十景？

西湖胜景数不胜数，其中著名的十景分别为虎跑梦泉、灵隐飞来峰、六和塔、三潭印月、龙井问茶、苏堤春晓、断桥残雪、平湖秋月、岳庙、孤山。

虎跑泉是坐落在西湖之南的大慈山定慧寺内。这里的泉水清澈、透明，游人到这里不但可以观泉、听泉、品泉，更可以亲自试泉。除了泉水之外，这里还有以性空、济公、弘一法师传奇故事为特色的人文景观。传说性空大师游历此山，看到这里风景优美，唯独没有水源，不适合久住，所以决定离去，但是，有个神人告诉他即将有二只老虎前来挖泉，第二天，果然有两只老虎跑上山挖出泉水，这泉水甘冽醇厚，从此"龙井茶叶虎跑泉"被称为"西湖双绝"。

有人说，到杭州一看西湖水，二看灵隐寺。灵隐寺位于西湖西部的飞来峰旁。传说东晋时印度僧人慧理来到杭州，看到这里山峰奇秀，认为有"仙灵所隐"，便在这里建寺，取名灵隐。这里的山峰怪石嵯峨，风景绝异，印度僧人慧理道："此乃天竺国灵鹫山之小岭，不知何以飞来？"因此又被称为"飞来峰"。这里还是江南少见的古代石窟艺术瑰宝之地。

六和塔是北宋时吴越王为镇钱塘潮而建立的。它位于钱塘江畔的月轮山上。塔的构造是七面八级，雄伟壮丽。如果游人登塔俯瞰，钱塘风光便可尽览无余。现在六和塔旁新建了一座中华古塔苑。塔苑里荟萃了各朝代、各地区的100多座古塔，集中地展现了中国塔文化的精华。

三潭印月又名为"小瀛洲"，是西湖三岛中面积最大、景观最丰富、最著名的景观，被前来这里游玩的人誉为"西湖第一胜境"，这里的最大特色是"湖中有岛、岛中有湖"。人民币一元纸币的背面风景就是著名的三潭印月。

龙井以西的龙井村因盛产龙井茶叶而得名，这种茶叶具有色翠、香郁、味醇、形美"四绝"，是中国人最喜爱的叉种之一。龙泓井传说在三国东吴赤乌年间发现的，它位于西湖西面的凤篁岭上，泉水

一口气读懂地理常识

出自山岩中，四时不绝，水味甘洌。此地便是"龙井问茶"之地。

苏堤又名苏公堤，在西湖的西南面，南起花港观鱼，北接曲院风荷，苏堤春晓是"西湖十景"之首。苏堤是一条全年都常绿的长堤，春天堤上桃花盛开，树发新叶，一派生机盎然的景象，令人心旷神怡。

断桥是神话故事《白蛇传》中白娘子与许仙的相会之桥，位于白堤始端。断桥得名于唐朝，那时桥上有门，门上有檐，下雪时中间一段的雪都在门檐上，桥上只有两头有雪，远远望去桥像断了一样，所以被称作断桥。"断桥残雪"这个词就是由此而来。

"万顷湖平长似镜，四时月好最宜秋"讲的就是著名的"平湖秋月"景观。平湖秋月楼柱上有一联云："穿牖而来夏日清风冬日日，卷帘相见前山明月后山山。"道出了这里的境界。

岳庙位于西湖西北角的岳湖畔，始建于公元 1221 年，是为纪念南宋抗金英雄岳飞而建的。岳庙内有忠烈庙、启忠祠和岳飞墓。忠烈庙内的岳飞塑像，上悬"还我河山"巨匾，是为岳飞的亲笔真迹。

在西湖西北角，就是孤山。它四面环水，一山独立，山虽然不高，却是观赏西湖景色最佳之地。孤山既是风景胜地，又是文物荟萃之处，南麓有文澜阁、西湖天下景、浙江博物馆和中山公园，山顶西部有西泠印社，西麓有秋瑾之墓，东北坡有放鹤亭等。放鹤亭是为纪念宋代隐居诗人林和靖而建，他有梅妻鹤子之传说。亭外广植梅花，为湖上赏梅佳处。

千岛湖究竟有多少座岛屿？

顾名思义，千岛湖一共有 1078 个大大小小的岛屿。

千岛湖位于中国浙江杭州西郊淳安县境内，是我国第一座自设计、自制设备的大型水力发电站——新安江水力发电站筑坝拦江蓄水而形成的人工湖，整个工程于1950年竣工。

千岛湖的物产富饶，一共有植物1786种，盛产茶叶、蚕桑、木材、毛竹等土特产品，千岛湖内淡水鱼有87种，年捕鱼量达4000多吨。

千岛湖景区内碧水荡漾，每个盗的姿态都不相同，自然风光旖旎。千岛湖以千岛、秀水、金腰带为主要特色景观。

湖边山上及湖中岛屿都覆盖着茂密的植被，不见土，不露石，青山翠屿，无限生机；由于湖中岛屿众多，港汊交错，游艇各自穿行于不同的航道，互不相扰，似乎万顷一舟，极尽游目骋怀之乐。

千岛湖现已开发开放20余处景点，分为自然风光、人文景观、动物野趣、娱乐参与的四大系列。这里的巨网捕鱼、水上竞技、空中揽胜、渔民风俗等表演全国闻名。

天目山自然保护区内有哪些重点保护对象？

天目山自然保护区位于浙江省临安县，建立于1986年，面积达1000万平方米，主要保护对象为银杏、连香树、鹅掌楸等珍稀物种。野生动物220余种，其中，国家重点保护动物有云豹、穿山甲、白鹇等。药用植物930余种，名贵药材有天麻、灵芝等。

禅源寺是上天目山的门户，它在昭明、旭日、翠微、阳和群峰之下，所以有"千峰涵一刹，六水会双清"的说法。游客由禅源寺过仰止桥攀山而上，沿途有五里亭、七里亭、钟楼石、眠牛石等名胜，向西即抵狮子岩。从狮子岩向东北，七星塔旁即为大树王，其树龄估计在1500年以上，宋代即称它为"千秋树"。从大树王向东

继续攀登，不远就是开山老殿，即狮子正宗禅寺，由高峰、中峰师徒相继开创，建于元至元十六年（1279年），寺前树木，经历600余年，蓊郁荫森，蔚为壮观。

李白、白居易、苏轼、李时珍、乾隆及近代的郁达夫、徐悲鸿、胡适等名人都到过天目山，为天目山留下了宝贵的文化遗产。

王羲之著名的《兰亭序》写于什么地方？

东晋时期的王羲之在兰亭这个地方书写了著名的《兰亭序》，兰亭位于绍兴城西南约13千米的兰渚山麓，这里是书法圣地，也是绍兴最著名的古迹。

现存的兰亭遗址历经朝代的变迁，我们现在可以看到的兰亭是在宋、元、明、清兰亭的基础上重新修建的，这里已经不是王羲之当年所在的原址，但是依然有很多值得看的古迹，园林也比较清幽。因为王羲之于《兰亭序》在中国的影响，这里已经开发为一个供人游玩的景区。

这个景区，布局疏密相间，建筑错落有致，小巧而不失恢宏之势，典雅而更具豪放之气。如果游人漫步其间，可以看见修篁凝翠，曲径通幽，给人以"山重水复疑无路，柳暗花明又一村"的感受。

驻足鹅池，倚栏观赏群鹅戏水，能尽情体味"曲项向天歌，白毛浮绿水，红掌拨清波"的野趣逸韵了。

继续往前走，就可以看到一开阔的土地，叠石为凳，插柳成荫，一条"之"字形小溪穿行而过，斯为流觞赋诗饮酒之"曲水"。正北建有"流觞亭"，其匾曰"曲水邀欢处"。

这个景区融秀美的山水风光、雅致的园林景观、悠久的书坛盛名、丰厚的历史文化积淀于一体，以"景幽、事雅、文妙、书绝"

四大特色而享誉海内外，成为江南一处重要的名胜古迹。

鲁迅的故居在哪里？

鲁迅是中国伟大的文学家、思想家、革命家和教育家，原名周树人。鲁迅的故居位于绍兴都昌坊口周家新台门西首。

绍兴以其人文景观丰富、水乡风光秀丽、风土人情诱人而著称于世，自古即为游客向往的游览胜地。

绍兴是一座地方色彩很浓的著名水城。悠悠古纤道上，绿水晶莹，石桥飞架，轻舟穿梭，有大小河流1900千米，桥梁4000余座，构成典型的江南水乡景色。

绍兴鲁迅故居位于浙江省绍兴市东昌坊口，在鲁迅纪念馆的西侧。故居是一幢中式两层楼房，一切陈设均按当时实际情况原样成列。这里可以看到鲁迅家里的客厅（通常用来吃饭和会客的）、卧室、厨房、菜园（百草园）等。

雁荡山的"雁荡三绝"是哪三个景点？

雁荡山的灵峰、灵岩、大龙湫有"雁荡三绝"之誉。

雁荡山位于中国浙江省温州市乐清市境内，其中一部分位于永嘉县及温岭市。因山顶有湖，芦苇茂密，结草为荡，南归秋雁多宿于此，所以得名雁荡。这里总面积450平方千米，500多个景点分布于8个景区之中，始建于南北朝时期，兴于唐朝，盛于宋朝，素有"袤中绝胜"之誉。

灵峰也叫夫妻峰、合掌峰，高大挺拔，凌空耸立，朦胧夜色中，恰似一只展翅欲飞的雄鹰；灵峰之下有观音洞，远看似乎平淡无奇，入内方见别有洞天，九层楼阁，雕梁画栋，乃晋代建筑。

灵岩周围群峰环立，松柏参天，千年古刹灵岩寺隐身其中，高260米的天柱峰、展旗峰相距200米并立对峙，形成了著名的"南天门"。

大龙湫瀑布高190米，自连云嶂凌空而下，春夏似银河天降，直捣潭心，声闻数里；秋冬如珠帘高悬，白雾蒙蒙，随风飘洒。

莫干山有哪"三胜"、"三宝"？

莫干山"三胜"指竹胜、云胜、泉胜；"三宝"指绿宝、净宝、静宝。当地把这些景点总结成了一句谚语："三胜竹云泉，三宝绿净静"。

莫干山位于浙江省德清县境内，属天目山余脉，主峰塔山海拔758米，风景秀丽。素有"清凉世界"之美誉，被誉为"江南第一山"，与北戴河、庐山、鸡公山并称为中国四大避暑胜地。莫干山山名，来自干将、莫邪二人铸剑于此的古代传说。

莫干山"竹胜"。毛竹不但茂密，而且特别粗大，高可三四丈，围沿10寸（1寸=1/30米）以上。竹之外，尚有淡竹、花竹、红壳竹、孵鸡竹、木竹、苦竹、箬竹、紫竹、凤尾竹、象牙竹、乌筋竹、早元竹、桃枝竹、孝顺竹等等，说莫干山是个百竹陈列馆，也可当之无愧。

莫干山上多云雾，多风雨。年平均降水量达1640毫米，比宁、沪、杭都多。有时雷鸣脚底，云起瓮中；有时日照明霞，虹跨峰峦；忽儿阵云带雨，倾盘泼瓢；忽儿云开天晴，处处朗丽，瞬息千变，都以风云为转移。陈毅形容莫干山云雾有诗："莫干好，大雾常弥天。时晴时雨浑难定，迷失楼台咫尺间。夜来喜睡酣。莫干好，雨后看堆云。片片层层铺白絮，有天无地剩空灵。数峰长短亭。"这就

是"云胜"。

"泉胜"在于莫干山山高林密多清泉。剑池、龙潭是大泉。其余中泉、小泉、微泉，遍山皆是。无须"山中一夜雨"，也堪"树梢百重泉"。淙淙潺潺，丁丁咚咚，嘀嘀嗒嗒，到处是泉水的歌声。

至于莫干山的"绿宝"，则是菁密林茂，是个绿色的海洋。"净宝"是讲水净和空气洁净。"静宝"是指环境一片幽静。

人们常说的"南海观世音菩萨"的南海是什么地方？

普陀山是全国著名的观音道场，也是人们常说的"南海观世音菩萨"的所在地。

在普陀山，每年都有数次朝拜观音菩萨的大型佛事活动举行。在农历二月十九是观音诞辰日、六月十九是观音得道日、九月十九是观音出家日，届时四方信众聚缘佛国，普陀山烛火辉煌、香烟燎绕；诵经礼佛，通宵达旦，其盛况令人叹为观止。

普陀山是舟山群岛1390个岛屿中的一个小岛，与舟山群岛的沈家门隔海相望。是中国佛教四大名山之一、首批国家重点风景名胜区，素有"海天佛国"、"南海圣境"之称。普陀山景区总面积41.85平方千米，核心景区普陀山岛12.5平方千米。岛形似苍龙卧海，远离尘器，海阔天空，令人心旷神怡。"海上有仙山，山在虚无飘缈间"，四面环海，风光旖旎，幽幻独特，被誉为"第一人间清净地"。

普陀山之胜，吸引了大批文人墨客，留下许多摩崖石刻，传世佳作。神奇、神秘、神圣的普陀山已经成为驰誉中外的世界佛教圣地和国际旅游胜地。

亚洲规模最大的影视拍摄基地在哪儿?

横店是亚洲规模最大的影视拍摄基地,它位于中国浙江中部东阳市境内,与中国小商品城义乌市相距 36 千米。是目前亚洲规模最大的影视拍摄基地,被美国《好莱坞》杂志称为"中国好莱坞"。

自 1996 年以来,横店集团累计投入 27 个亿资金兴建横店影视城,现已建成广州街、香港街、明清宫苑、秦王宫、江南水乡、清明上河图、屏岩洞府、横店老街、大智禅寺、明清民居博览城等 13 个跨越几千年历史时空,汇聚南北地域特色的影视拍摄基地和两座超大型的现代化摄影棚。

影视产业的崛起,也推动了横店休闲旅游业的发展。横店影视城已成为首批国家 4A 级旅游区。方圆 10 平方千米的横店,拥有 100 余家星级宾馆,8000 余个床位,无论是高档酒店,还是基地宾馆、夜总会、游乐园、演艺中心、桑拿中心、健身中心、保龄球馆等设施配套齐全。2004 年,投资 8 亿人民币,由美国 ITEC 公司设计的国内首座影视主题公园"电影梦幻世界"已在横店动工兴建,游客将在此体验影视,享受乐趣。

为什么九华山有"莲花佛国"之称?

九华山是中国四大佛教名山之一,首批国家重点风景名胜区。现在保存完整的寺庙尚有五六十座。唐末九华山被辟为地藏王菩萨道场,素有"莲花佛国"之誉。

九华山占地面积为 100 余平方千米,山中奇峰怪石、潭谷洞府、古树泉瀑、绿竹鲜花,是一个清闲秀逸的旅游胜地。

九华山上有 99 座山峰,其中天柱峰、十王峰、莲花峰等 9 座主

峰远远望去似并肩站立的 9 个兄弟，因而又叫九子山。其中十王峰为最高峰，海拔约 1342 米。

游客游九华山，最先到的就是九华街，这里海拔 600 多米，是九华山的中心，寺庙也主要集中在这里。九华街上的化城寺，是九华山历史最悠久的晋代古寺，也是九华山的主寺，这座寺庙依山势布局，反映了当时高超的建筑设计艺术。从九华街往东走不远，有一建在悬崖上的殿堂，就是著名的"百岁宫"，其匾额上书有"钦赐百岁宫，护国万年寺"十个金字，九华山的"肉身菩萨"就供奉于此。

天台峰是九华山的主峰，海拔 1300 多米。这里自古就有"不登天台，等于没来"的说法。从九华街上天台，约 7.5 千米山路，沿路经过很多风景点。游客到达天台正顶，眼前的景色，能让你胸襟开阔，疲劳顿消。站在这里眺望偌大的九华街，也只有巴掌那么大了。

马鞍山是因何得名？

据说，秦末西楚霸王项羽和汉高祖刘邦争夺天下失败，在垓下全军覆没，孤身一人败退至和县乌江，自觉无颜再见江东父老，便请渔人将坐骑乌骓马渡至对岸，自己却自刎而亡。乌骓马思念主人，长嘶不已，翻滚自杀，背上马鞍落地化为一山，马鞍山因此得名。

马鞍山于 1956 年 10 月建市，位于安徽省东部、长江下游南岸，是安徽省五大重点旅游城市之一。全市总面积约 1706 平方千米，辖 1 县、4 区，人口约 118 万。

马鞍山城中有园，园中有花，作为一座别具江南山水特色的现

代化城市，已经列入国家级园林城市。市区雨山湖周围九山环绕形成"九峰环一湖，翠螺出大江"的秀丽景色。

市区西南的采石古镇集中了这里大部分的名胜古迹。山边采石矶绝壁临江，集"雄、奇、险、秀"于一体，风景奇幽，被誉为长江三矶之首，素有"千古一秀"之誉。采石矶是古代的江防要塞、关津渡口，向来是兵家必争之地。

黄山有哪"四绝"闻名于世？

自古以来，黄山以奇松、怪石、云海、温泉而著称天下。

黄山是我国重要的旅游景点之一，这里延绵数百里，千峰万壑，放眼望去，更是比比皆松。这里的松树之所以奇，就奇在它以石为母，顽强地扎根於巨岩裂隙，但依然长势很好。黄山松针叶粗短，苍翠浓密，干曲枝虬，千姿百态。或倚岸挺拔，或倒悬绝壁，或独立峰巅，或冠平如盖，或尖削似剑……有的循崖度壑，绕石而过；有的穿罅穴缝，破石而出。人们根据它们的不同的形态和神韵，分别给它们起了贴切的而又有趣的名字，如迎客松、黑虎松、卧龙松、龙爪松、探海松、团结松等等。

黄山的山体是由花岗岩组成的。经过千百年的日晒雨淋，风吹雨打，一些石体被侵蚀，形成了形态各异的黄山怪石。这里的石头以奇取胜，以多著称。已被命名的怪石有 120 多处。其形态可谓千奇百怪，令人叫绝。有些石头似人似物、似鸟似兽、情态各异、形象逼真。黄山怪石的另一个特点就是，同一块石头，从不同位置观看，或者在不同的天气条件下观看，会呈现不同的样子。它的分布可谓遍及峰壑巅坡，或兀立峰顶或戏逗坡缘，或与松结伴，构成一幅幅天然山石画卷。

自古黄山云成海，所以，这里的云也成了最受游客追捧的景观之一。黄山地区是云雾之乡，长年云雾弥漫，水气凝重，这里山风穿流，云雾奔涌、升降、飘逸、聚散、明灭、离合、腾挪、卷舒……像是一副美丽的画卷。这里享誉海内外的"云海"以峰为体，被人誉为美、胜、奇、幻的代表，并且一年四季皆可观，冬季景色最佳。依云海分布方位，全山有东海、南海、西海、北海和天海；而登莲花峰、天都峰、光明顶则可尽收诸海于眼底，领略"海到尽头天是岸，山登绝顶我为峰"之境地。

黄山"四绝"之一的温泉在古时候被称为汤泉，是出自于海拔850米的紫云峰下，水质以含重碳酸为主，可以饮用，也可以沐浴。温泉每天的出水量约400吨，常年不息，水温常年在42℃左右，属高山温泉。黄山著名的温泉眼有10多处，现均在其上修建浴室和游泳池，游客旅途或登山疲劳，入池浸泡片刻，便会疲劳全消，心身轻快。黄山温泉还对消化、神经、心血管、新陈代谢、运动等系统的某些病症，尤其是皮肤病，均有一定的功效。

"江淮第一山"是哪座山？

被称为"江淮第一山"的山是位于安徽省西部，潜山县境内的天柱山，它是霍山山脉主峰。

天柱峰因突出云霄、耸拔千仞、如柱倚天，故得名"天柱山"，还曾有潜山、皖山、皖公山、万岁山等名称。它以雄、奇、灵、秀的自然景色吸引着古今游人，又因汉武封岳等众多古迹而闻名于世，被誉为江淮大地上第一名山。

天柱山有42座山峰，山上遍布苍松、翠竹、怪石、奇洞、飞瀑、深潭。天柱山最著名景点是三祖寺。从天柱山的南大门野人寨

上行不远就可到达三祖寺。相传，这座寺庙始建于南朝，现仅存的藏经楼、偏房数间和屹立于寺前的觉寂塔。

天柱山飞来峰下的神秘谷被游人称为"天柱一绝"。神秘谷长约五、六华里，谷底由54个形态各异的洞穴且成，洞连洞，洞套洞，洞内有牖、有庭、有门、有石梯、有石栏，是我国著名的洞文化旅游胜地。如果在暗洞中穿行，难辨东西，不知阴晴，会感觉压抑沉闷，但是如果一出洞口，即见光明，这种反差使人激动欣喜。

天柱山的风景多而奇，难怪唐代大诗人李白曾写了一着赞美天柱山风景奇秀的诗"江上望皖公山"。明代诗人李庚赞曰："天下有奇观，争似此山好"。

湖村古村落为什么被称为"徽州古文化的活化石"？

湖村古村落位于皖南绩溪城东，是一个"狮象把门"、"园林锁口"的古村落。至今村中仍保留着千年古树、古桥、古亭以及宋代古墓，还有古居民、古门楼群、古祠堂等，村中有一条明代的水街，它巧妙地利用地势建造的古建筑群，依山而筑，逶迤伸展，宛如一幅立体的山水画卷，它是集徽州古村落之大成的地方，所以有专家称此为"徽州古文化的活化石"。

这里保留着旧时民宅百余幢，都是砖木结构、三进两厢、明堂天井、粉墙黛瓦、马头墙等徽派建筑为基本特征的建筑。但他们的结构序列却各不相同，有单进、前后进、前后厅的，如有一曲径通幽的组合房舍，让它更具魅力。进入大门有石阶达数十级，宅内有天然的水井，大旱不涸，久雨不溢。无怪乎有专家说，该村真是一座徽州建筑的博物馆。

村中有一门楼巷，巷内连片的民宅门罩，皆以风格各异、制作精细的砖雕作为饰品。每一座座门楼，都是一件件玲珑剔透的民间艺术品，常令游客叹为观止。这些雕刻精制的门楼，取材十分广泛，内容丰富多彩。有的以民间风俗为背景，有的以神话传说为背景，有的以戏曲故事为背景，充分体现了徽州古建筑中门楼文化的博大精深。村西有一座章氏宗祠，祠堂中有一座明代的蟠龙香亭，圆柱上雕有6条摇摇欲飞的蟠龙，代表了徽派木雕的最高水准，堪称木雕一绝。

在哪可以领略到江淮独有的"八古"景观？

位于合肥市肥西县的三河镇是一个典型的水乡古镇，其景观风情不亚于周庄。同时，这里荟粹了丰富的人文景观，有江淮地区独有的"八古"景观，即古河、古桥、古圩、古街、古居、古茶楼和古战场。

三河历来商贾云集，车船辐辏，素有"小南京"、"小上海"和"皖中商品走廊"之美誉，每天流动人口上万人；三河镇距离合肥市区30多千米，因丰乐河、杭埠河、小南河三条河流贯穿其间而得名，踞今已有2500多年的历史。远在春秋战国时期，小镇已具雏形。历史上此地曾发生过吴楚之战，1858年，太平军也在此发生过激战，由此留下众多历史遗迹，如城墙、天王府四合院等。

三河三产发达，饮食文化独具特色，形成自己的菜系。来安徽，有句俗话说"玩在黄山、九华山，吃在三河"已成为众多游客的常识。三河镇的饮食文化发达，当地不论男女都能做几个拿手好菜。于是三河镇的家常菜声名远播。

"厦门二十四景"都汇聚在什么地方?

厦门二十四景中的"天界晓钟"、"万笏朝天"、"太平石笑"、"紫云得路"、"中岩玉笏"、"高读琴洞"等均在万石山游览区的万石岩中。

万石山游览区位于厦门市区东部的狮山北麓,这里山清水秀,林木繁茂。这个游览区的面积有 26 平方千米,其中山地面积 19 平方千米,滨海平地 7 平方千米。

万石山中,有著名的厦门园林植物园,占地 2.27 平方千米,已开发约 120 万平方米。植物园始建于 1960 年,40 年来,有规模地引种非洲、美洲、澳洲和东南亚诸国的热带、亚热带植物 5000 多种,建成 20 多个专类园区,形成以"科学内容、公园外貌"为特征,"园林艺术、园艺技术"相融合的科技与艺术、自然与人工相结合的园林式植物园。享有"植物王国"或"植物博物馆"的美誉。

万石山上有 11 座不同规模的庙宇,有万石湖、紫竹林寺、万石莲寺、太平岩寺、云中岩寺、虎溪岩、紫云岩寺、白鹿洞寺、万寿岩寺、甘露寺等。闽南佛学院的"女众部"就设在万石山的紫竹林寺内。这里的佛教文化与园林文化和谐荟萃,形成独特的风景线。

为什么说武夷山是山与水完美结合的典范?

武夷山位于福建省武夷山脉北段东南麓,其丰厚的底蕴,悠久的历史和无数优美动人的故事、典故及传说,令古今游者折服,是全国面积最大的世界遗产地。

来到武夷山的人都要坐上竹筏徜徉,竹筏水中流,人在画中游,"看山不用杖而用舟",遍览山水之美。游客如果从星村乘坐竹筏,

至一曲武夷宫码头上岸，就可以从九曲顺水漂流而下，九曲溪发源于武夷山脉主峰，澄澈清莹，经星村镇由西向东穿过武夷山风景区，盈盈一水，折为九曲，因此得名。九曲溪全长约 9.5 千米，面积约 8.5 平方千米。山挟水转，水绕山行，每一曲都有不同的山水画意。这条溪水如玉带一般，将 36 峰、99 岩连为一体。游客在竹筏上极目往去，四周皆是图画，丹山、碧水、蓝天、白云、绿树，它们相映成趣，呈现出武夷山大自然五彩缤纷的色彩美。沿途看到奇峰相叠、嵌空而立，那高低相错的山峦，就像一面面旌旗在招展，那气势磅礴的岩峰，好比万马在奔腾。这里山临水而立，水绕山而行，峰岩高低、河床宽窄、曲率大小、水流急缓、视域大小、视角仰俯等都达到绝妙的程度，构成"一溪贯群山，两岩列仙岫"的独特美景，传神地表现了中国传统的诗情画意和美学意境。

为什么称鼓浪屿是"海上花园"、"钢琴之岛"？

鼓浪屿以山光水影、绚丽多姿、景色优美而著称天下，像一颗璀璨的明珠，镶嵌在福建沿海的碧波之中，四季游人如织，堪称一座"海上花园"。鼓浪屿上很多人学习钢琴、爱好钢琴，先后出现过 100 多户钢琴世家、音乐世家，所以人们称鼓浪屿为"钢琴之岛"。

闻名于世的旅游胜地鼓浪屿位于福建省厦门市西南，与厦门市区的鹭江之滨，隔着 700 余米宽的厦鼓海峡的一个椭圆形小岛，面积仅有 1.84 平方千米。

鼓浪屿山岩崎岖，怪石崚峋，楼宇错落，花草缤纷，树木葱郁，山水如画，景色十分优美。夜晚，全岛灯火辉煌，犹如一条巨大而华彩的船舶静卧在海面上。

"欲游鼓浪屿，首到日光岩"。日光岩又称晃岩，是鼓浪屿龙头

山的峰顶，山麓建有日光寺。每当旭日东升，阳光就会洒满寺中的太阳浮雕，日光岩即由此得名。登上岩顶极目远望，浩瀚的大海、鼓屿全景、厦门风光以及大旦、二旦、圭屿、青屿等岛，可尽收眼底。

漫步在鼓浪屿小道上，就会听到浑厚的钢琴声和着海涛的节拍，从雕花镂刻的百叶窗里飘逸出来。鼓浪屿钢琴密度居全国之冠，这个面积不足 2 平方千米，人口不足 2 万人的小岛，就有钢琴近 600 台，还有不计其数的小提琴、电子琴、吉他等乐器。鼓浪屿人热爱钢琴、热爱音乐。鼓浪屿有一批与音乐有关的硬件设施，这里有钢琴式码头、钢琴博物馆、音乐厅、交响乐团、音乐学校等。

泰宁世界地质公园共有多少峡谷？

泰宁地质公园的峡谷是丹霞地貌的典型代表，地形的复杂断裂加上流水作用，雕塑了地质公园沟壑纵横的地貌景观。由 80 多处线谷（一线天）、150 余处巷谷、240 多条峡谷构成的峡谷群，这里的以峡谷深切、丹崖高耸、洞穴众多、生态天然为主要特色。

泰宁地质公园位于福建省西北部的泰宁县，面积约为 492 平方千米，泰宁古城游览区由石网、金湖、八仙崖、金饶山四个园区组成，是一个以丹霞地貌为主体，兼有花岗岩、火山岩、构造地质地貌等多种地质遗迹，自然生态良好，人文景观丰富的综合性地质公园。

泰宁地质公园内丹霞洞穴数量多、洞穴群的规模大、洞穴造型和组合奇特，被称为是"丹霞洞穴博物馆"。洞穴大的可以容纳上千人，小的不到一寸，状态不一，造型各异，宽窄不一，动静不同。

这些丹霞地貌及良好的生态环境与水体景观互相融合，造就了"水上丹霞"奇观。湖面宽阔，碧波粼粼，湖中有山，山中有湖。溪水在峡谷中蜿蜒曲折，漂流其中如在画中游。潭水平静，丹霞矗立，好像世外桃源。

福州鼓山有哪些风景名胜？

鼓山地处亚热带，四季常青、苍松滴翠、奇葩流红、岩秀谷幽，名胜古迹遍布全山，仅著名古迹就有百处之多。山中有十八洞奇景和涌泉寺、千佛陶塔、白云洞等名胜。

鼓山又名"石鼓"，位于福州东南郊，闽江北岸，海拔约969米，面积1890万平方米，延袤数十里，是天然的屏障。据传因山顶有一巨石，其形似鼓，每当风雨来时，山上便传来隆隆鼓声，由此得名。是国家级风景名胜区，福建省"十佳"风景区之一。

鼓山著名景点涌泉寺位于鼓山山腰，寺院规模宏大，殿堂壮伟，由大雄宝殿、天王殿、法堂、圆通殿、钟楼、鼓楼、藏经阁等构成完整的建筑队群，是鼓山的主体建筑。白云洞位于鼓山西北凤池山西侧，因洞在海拔586多米处，常常是"白云混入、咫尺莫辨"，故称"白云洞"。郁达夫游览白云洞后写道："一般人所说的白云洞的奇岩险路，果然名不虚传的绝景……包管你只去过一次，就会毕生也忘记不了，妙处就在它的险峻。"鼓山摩崖石刻随处可见，主要分布在灵源洞附近，达300多处，其中，有宋代蔡襄、李纲、赵汝愚、朱熹等人及现代诗人郭沫若手迹。这些自然"碑林"集篆、隶、真、草各体，琳琅满日，相映成趣，是国内罕见的书法艺术长廊。

太姥山为什么被称为"天下第一山"？

太姥山位于福建省东北部福鼎市内，堪称闽东第一胜景。面积

60 平方千米，三面临海，山峰突起，巍峨挺拔。最高的摩霄峰，海拔约1008米，雄奇壮丽。传说有老母种兰于山中，后得道成仙，人们称之为太母山。汉时武帝命东方朔考察天下名山，太母山被列三十六名山之一，并写上"天下第一山"为记，改名为太姥山，此后太姥山名扬天下。

太姥山分为太姥山岳、九鲤溪瀑、晴川海滨、桑园翠湖、福瑶列岛五大景区；还有冷城古堡、瑞云寺两处独立景点。有奇峰、怪石、异洞、云海四大特色景观。它的54座奇峰集中于海拔500~900米之间；山峰相连，岩石突兀，似人似物，形态生动；而有100多个洞，均为地壳变动后断折形成的形态奇特的花岗岩幽洞，其岩洞之多、之长、之奇在名山中也属罕见，洞中水声潺潺，回音袅袅，宛如仙音佛乐；太姥山云雾多变，更是独具的景观，太姥山一年中有2/3的时间被云雾笼罩，尤其是春夏之交或雨后初晴，山岗弥漫四合，汇成茫茫云海，群峰时隐时现，时浮时沉，游人到此，如入仙境。一日之中，晨、午、晚各不相同，一年四季相差更远。太姥山之旅，不仅饱览了大自然的美景，而且体会了"太姥健身操"的魅力。太姥山洞穴繁多而且奇特，在一些洞中行走时，或蹑、或蹲、或俯、或仰，如操如练，全身都得到了运动，令游人意趣盎然，人们称其为"太姥健美操"。

"江南第一佛"在哪里？

"江南第一佛"位于福清市瑞岩山上，是全国最大的立体弥勒佛石坐像，也是福建最大的石雕佛像，被誉为"江南第一佛"。

这座石佛是雕刻家吕伯恭等人于元至正元年（1341年）至明洪武元年（1368年），经过27年的时间，在福清市瑞岩山上依岩石自

然状，雕刻出一尊巨大的弥勒石佛。

根据测量，得出石佛高 9 米，宽 8.9 米，厚 6.4 米，堪称为第一佛。这尊石佛盘腿趺坐，袒胸露腹，双耳垂肩，左手捻珠，右手抚腹，两眼平视，笑容可掬，线条流畅，形象生动逼真。腰间还刻有 3 尊神态各异的小罗汉。其石质、规模和雕工艺术之精美，令人叹为观止。1996 年被列为国家重点保护文物。

周围的瑞岩山风景区，公有 36 洞天、72 景观。岩洞千姿百态，山上更有宋、元、明、清历代诸多名人摩崖石刻 100 多处，具有很高的艺术和观赏价值。风景区位于福清融城以东 10 千米的海口镇。海口镇周围土地平坦，唯独此山怪石突起，叠成千姿百态的岩洞，吸引着无数游人。

瑞岩山分前岩、后岩两部分。前岩有弥勒佛石像和瑞岩寺。瑞岩寺在弥勒佛像的左侧，该寺始建于北宋宣和四年（1122 年），当时是一位福清人林仁隐居瑞岩山，筑庵栖身；南宋初年庵废，建为佛寺；明洪武元年又重建后定名为瑞岩寺；1981 年，被列为县级第一批文物保护单位；1996 年，海外华侨投资 1000 多万元修复一新。后岩是由明朝抗倭名将戚继光所开辟。明嘉靖年间，倭乱已经平定，戚继光利用疆事之隙，发动军士开辟大洞天、宜睡洞、归云洞诸景，把游览范围扩大 1 倍以上。他把山南、山北新开辟的景物命名为蓬莱峰、醉仙岩、醒心泉、双龙洞、归云洞、冲虚洞、振衣台、望阙台等。

中国道教发祥地龙虎山有哪 "三绝"？

龙虎山源远流长，是道教文化胜地，也是独具特色的碧水丹山，并且还有千古未解的崖墓群，这三个特点构成了龙虎山风景旅游区

的"三绝"。

龙虎山位于江西省鹰潭市贵溪境内，距鹰潭20千米。龙虎山是中国道教发祥地。东汉中叶，第一代天师张道陵在原名为云锦山山麓肇基炼九天神丹，研创道教。"丹成龙虎见"，山名遂改为"龙虎山"。

龙虎山是国家重点风景名胜区。整个景区面积200多平方千米。龙虎山景区有99峰、24岩、108个景物，景观面积达200平方千米左右。龙虎山由红色砂砾岩构成，形成了赤壁丹崖的"丹霞地貌"，福建的武夷山和广东的丹霞山也属这种地貌。明净秀美的泸溪河从山中流过，如一条玉带由南向北把上清宫、龙虎山、仙水岩等旅游景点串连在一线上，从上清古镇乘竹筏顺泸溪河而下的10千米山水景色宛若仙境，令人流连忘返。《水浒传》第一回"张天师祈禳瘟疫，洪太尉误走妖魔"就以"千峰竞秀、万壑争流，瀑布斜飞、藤萝倒挂"这样生动的文字描写这里的景色。龙虎山山水景色宛若仙境，令人流连忘返。

在哪能欣赏到"枯水一线，洪水一片"的自然景观？

由于鄱阳湖水位变动幅度较大，所以湖泊面积变化也比较大。春、夏汛期时水位上升，湖面陡增，水面辽阔；而枯水期水位下降，洲滩裸露，水流归槽，湖面仅剩几条蜿蜒曲折的水道。构成了奇特的"枯水一线，洪水一片"的自然景观。

鄱阳湖每年4～9月汛期，湖水上涨，最大面积达4600平方千米。这时鄱阳湖一片汪洋，水生生物鱼、虾、螺、蚌及水草大量繁殖。

鄱阳湖烟波浩渺，水域辽阔，南宽北窄，以松门山为界，分为南北两湖，犹如一只巨大的宝葫芦系在宛如腰带的万里长江之上。鄱阳湖是国际重要湿地，在每年秋末冬初，从俄罗斯西伯利亚、蒙古、东亚以及中国东北、西北等地，飞来无数只候鸟，它们一直到第二年开春才逐渐离去。如今，保护区内鸟类已达300多种，近百万只，其中珍禽50多种，最名贵的属国家一级保护的丹顶鹤即为其中之一，这里已是世界上最大的鸟类保护区。在保护区之东设有大湖池候鸟观赏区，专为旅游爱好者开辟。

湖是中国著名的医疗温泉，鄱阳湖流域是长江流域水资源主要集中地之一，湖上名山秀屿，遍地皆是。有石钟山、大孤山、南山、老爷庙和落星湖，风光如画，景色宜人。九江市旅游局已将鄱阳湖上的各景点通过游船连成一线即鄱阳湖水上旅游线。如今的鄱阳湖有很多美称，像美丽的湖、神话的湖、充满诗情画意的湖，都是赞誉它的。

哪里被称为"中国最美的乡村"？

婺源被人誉为"中国最美的乡村"。

婺源县位于江西东北部，东边是国家历史文化名城衢州，西毗瓷都景德镇，北枕旅游胜地黄山，南接江南第一仙山三清山，是一颗镶嵌在皖、浙、赣三省交界处的绿色明珠。

婺源山清水秀，在这里就像走在历史的风尘里、自然的深邃中。这里有明清古建筑、灵岩古洞群、古树名木及古文化，还有县境内纵横密布、碧而清澈的河溪山涧与怪石奇峰、古溶洞茶亭、廊桥驿道相得益彰，融雄伟豁达与纤巧秀美于一体。

婺源是游人返朴归真、亲近自然的好地方，以山、水、竹、石、

树、木、桥、亭、涧、滩、岩洞、飞瀑、舟渡、古民居为组合的自然景观，犹如一幅韵味无穷的山水画，形成一个独特而美丽的田园风光游览区，给人们一种回归古朴和超凡脱俗的感觉。到处遍布的名胜古迹，还有保持完美的明清古建筑，让人尽享田园牧歌式的氛围和景色。

婺源不仅景色优美，更富有深厚的文化内涵，历来享有书乡之誉。苏东坡、黄庭坚、宗泽、岳飞、朱熹等在此留下了不少赞美的诗文。婺源物产丰富，有闻名中外的茶叶"婺绿"，可谓中国绿茶中之上品；味道鲜美的荷包红鱼，被誉为"人间天物"；石冠群山的"龙尾砚"（歙砚）为中国四大名砚之一。

景德镇陶瓷博物馆有哪些特色？

景德镇陶瓷博物馆是景德镇陶瓷文化的一个重要展示区。景德镇陶瓷博物馆建于 1954 年，是三层结构的建筑，一、二楼为展厅。共有展品 2400 余件，分别按年代顺序布展。

第一展厅由五代、宋代和元代三部分组成。其中以宋代的影青瓷、印花瓷和元代的青花瓷、高温颜色釉瓷最为珍贵。

第二展厅主要有以青花、青花斗彩、五彩、红绿彩和颜色釉为主的明代官窑器，瓷不碎，色不褪。青料溶于胎釉之间，发色青翠，虽色相单一，但感觉丰富。青花瓷的特点是经久耐用。

第三展厅展出的是景德镇陶瓷的颠峰之作——清代陶瓷。景德镇陶瓷工艺到了清代已经是集天下之大成了，集中了如汝窑、龙泉窑、哥窑等各大名窑的陶瓷技术。而景德镇特有的青花装饰技法也有了进一步的提高，分水法的使用青花装饰达到了中国绘画的效果。这个时期确定了景德镇陶瓷向绘画装饰方面发展的大趋势，为景德

镇现代陶瓷在世界陶瓷业中登峰造极打下了牢固的基础。

第四展厅是民国时期的陶瓷展。这个时期由于历史原因造成了景德镇的制瓷业也因时局而每况愈下。整个陶瓷界只有在陶瓷绘画领域一枝独秀，出现了以珠山八友为代表的一批陶瓷彩绘艺术家，留下了许多传世佳作。但雄踞景德镇历明清两朝达 500 余年的御窑厂终告寿终正寝。

第五展厅是景德镇现代陶瓷展。展出了现代景德镇的各种工艺陶瓷。

参观这个博物馆，让游客对景德镇几百年的瓷器发展历史有了一个概括性的了解，是所有到景德镇游人的必去之地。

"江南第一石窟"位于哪里？

素有"江南第一石窟"之称的通天岩风景名胜区位于赣州市西北郊。

通天岩由摩砂岩山组成，大部分是天然岩洞，通天岩风景区包括 3 个山坳、4 条山脊和 10 处岩穴。景区中心有"石峰环列如屏，巅有一窍通天"，因而得名通天岩。通天岩以江南最大的石龛造像群著称于世，共有石龛 279 座，石刻造像 248 尊，内容均为唐宋时期作品的佛像神祇。这些造像风格迥异，造型、线条、色彩也各有特色。位于翠微岩的 9 尊立像，曲眉丰颐，体态飘逸，栩栩如生，是我国古代的石雕艺术难得的珍品。通天岩的题刻众多，这些石刻，现存 97 品，其中石刻造像均佛教题材，多是北宋时期作品，翠微岩部分雕刻颇类隋唐风格，余则为清代以后或佚名者作。是我国南方古代艺术宝库之一。

自宋代以来，素有文人墨客题刻于忘归岩、观心岩、龙虎岩、

通天岩、翠微岩等景点的崖壁上。北宋时，苏轼贬官岭南，曾在此赠诗题赞。明代理学家王阳明曾在观心岩讲学，他于崖壁题诗曰："青山随地佳，岂必故园好；但得此身闲，汪寰亦蓬岛。西林日初暮，明月来何早；醉卧石床凉，洞云秋未扫。"通天岩石刻造像和题记不仅是重要的文史资料，而且刻工精致，更是为古代书法艺术珍品。通天岩石刻造像其数量之多，为江南之冠。

千佛山名字的由来？

隋朝年间，山东佛教盛行，虔诚的教徒依山沿壁镌刻了为数较多的石佛，建千佛寺而得名千佛山。

这里是济南除了"趵突泉"、"大明湖"之外的第三大旅游胜地。由于千佛山地处中纬度地带，属暖温带半干旱季风大陆性气候，冬暖夏凉，气候怡人。千佛山峰峦起伏，林木森森，恰似济南的天然屏障。千佛崖位于在兴国禅寺院内南侧，是济南市较早的造像群，共有隋代石佛60余尊，年代都很悠久，除了具有很高的艺术价值，还对研究我国隋代佛教，颇有历史价值。在千佛山之东，佛慧山主峰山麓有一佛龛，里面有一尊佛头塑像，高约7米，宽达4米多，俗称"大佛头"，这是一种十分罕见的石雕。

在千佛山北麓的万佛洞，经过艺术浓缩和重构，共塑造佛主、菩萨、弟子、天王、力士28888尊，其中最大的卧佛长28米，还有仿乐山大佛高达15米。万佛洞于1992年9月30日正式对游客开放，展线长达600多米，分为"莫高集锦"、"龙门精华"、"麦积厅观"、"云岗荟萃"这四大名窟。

近几年，千佛山公园先后又增添了桃花园、游览索道、奇能滑道、十八罗汉、卧佛、瀑布等景观，千佛山已成为一处融历史、文

化、风景、佛教为一体、服务功能齐全、规模宏大的旅游胜地。

为什么泰山会成为古代帝王"封禅"之地？

古代帝王大都以"天子"自居，也就是说自己是上天的儿子，而泰山的雄伟不但可以彰现帝王之家的风范，它的高大，更显示一种神秘的地位，所以，泰山成为古代帝王"封禅"的地方。

一种说法认为"封禅"是在泰山上顶堆土为坛，在坛上祭祀"天神"，报答上苍的功绩；在泰山下扫除一片净土，在净土上祭祀"土神"，报答后土的功绩。另外一种说法是帝王为答谢天恩，便在接近天神的泰山顶，也就是玉皇顶上积土设坛，增泰山之高以祭天，表示功归于天；然后，再到泰山之前近地祇的梁父、社首、云云等小山丘设坛祭地以表厚上加厚，福广恩厚以报地。

泰山是我国著名的旅游胜地，这里有九大景区，分别是岱庙区、幽区、妙区、旷区、秀区、丽区、奥区、天烛峰区、佛爷寺景区。

为什么崂山又称为"神仙洞府"？

崂山常年气候宜人，具备山、海、林、泉、水、洞的自然景观。自古以来，崂山都是巫师术士和上层统治阶级修仙炼丹和宗教活动的理想场所。这样更为崂山增加了许多神秘的色彩，所以有人称这里为"神仙洞府"。

崂山古称牢山、劳山，位于青岛市区东郊，海拔 1133 米，面积约 386 平方千米。崂山东临崂山湾，南濒黄海，海山相连，山上云雾变幻无穷，千姿百态，景色秀丽，雄伟壮观。在全国的名山中，唯有崂山是在海边拔地崛起的。所以被称为"海上石山第一"。

崂山的海岸线长约 87 千米，沿海大小岛屿 18 个，构成了崂山

的海上奇观。这里保存着极其丰富的道教文化。由于崂山风光秀美，洞幽壁陡，千姿百态，所以吸引了很多的道士上山构洞筑室，修行炼丹，留下了许多传说和人文景观，使它一直享誉至今。号称"九宫八观七十二名庵"，自古有"神仙窟宅"之称，并且使这里成为中国道教的重要发祥地之一，有太清宫、上清宫、太平宫、下清宫、华楼宫、犹龙洞、白云洞、明霞洞、遇真宫、明道观、蔚竹观、巨峰、九水、龙潭瀑、梳洗台、飞来石等风景。

崂山位于海陆气候交汇处，水分充足，气候舒适，冬无严寒，夏无酷暑，奇花异草四季常青，是游人理想的浏览避暑胜地。

曲阜的孔庙到底有多大？

曲阜孔庙建筑群仿照皇宫的建筑风格，平面呈长方形，中、东、西三路布局，前后共有 9 进院落，南北长 1120 米，东西宽 140 多米，总面积 327.5 亩（1 亩≈666.7 平方米）。

孔庙共有殿、堂、庑、阁、亭、祠、楼等 466 间，碑刻 2000 多块，门坊 54 座，整个建筑布局严谨、奇丽壮观。

孔庙本称至圣庙，位于曲阜城的中央，是中国古代封建王朝祭祀孔子，表彰推崇儒家思想的礼制建筑。曲阜孔庙是世界 2000 多座孔庙的祖型。曲阜孔庙的主要建筑有金元碑亭、明代奎文阁、杏坛、德侔天地坊、清代重建的大成殿、寝殿等。整个孔庙的建筑群以中轴线贯穿，左右对称，布局严谨。

曲阜是儒家学派创始人、教育家、思想家孔子的故乡，并且拥有我国罕见的大型碑林。

《水浒传》中的好汉为什么以水泊梁山为根据地？

北宋时期的梁山地区四周地势低洼，当时黄河溃决，储水成湖，

方圆数百里，梁山诸峰成了湖中小岛，水阔山险，地形复杂，位置重要。在军事上，进便于出击，守利于防卫，退易于转移。所以，小说名以宋江为首的梁山"108 好汉"以此为根据地。

梁山位于梁山县境内，地处黄河南岸鲁西大平原上，由一些低矮的山丘组成，包括虎头岩、雪山、郝山、黄山、平山、狗头山、玉皇顶等大大小小 11 个山头。最高的虎头岩，海拔也不过 200 米，但地势险要，顶上建有宋江寨。巨石垒成的寨墙，寨墙内的"聚义厅"遗址依稀可辨。聚义厅前有一个碗口粗的石窝，相传是当年插旗的地方。

齐国故城"临淄八景"分别是什么景？

临淄的景观向来被人称颂，其中最著名的当属八景。明代有一首八景诗流传至今："高阳馆外酒旗风，矮矮槐阴夏日浓。秋入龙池月皎皎，春回牛山雨蒙蒙。古冢遗迹怀晏相，荒台故址吊桓公。淄江钓罢归来晚，西寺搂头听晓钟。"里面所说的 8 个地方，就是这八景。

"高阳馆外酒旗风"，说的是高阳城酒馆林立、酒旗飘扬的繁华景象，是当地重要的人文景观之一。高阳故城位于齐国故城西北 16 千米，即今临淄区朱台镇南高阳村西 200 米处。古书中又称作葵丘、籧丘。瓜及而代这个典故就发生在这里。

"矮矮槐阴夏日浓"，描写的是今临淄辛店街道办矮槐树村一棵宋代小槐树，在夏天绿树成阴，郁郁葱葱的景色。传说宋朝的时候，赵匡胤在此歇息，他的战袍压得小槐树从此不再长高，故称"矮槐树"。

"秋入龙池月皎皎"，写的是秋夜的月亮倒映在当地著名的泉

一口气读懂地理常识

水——龙池中的景象，但现在已经干涸。

"春回牛山雨蒙蒙"，讲的是冬去春来，小雨蒙蒙，松柏吐翠、怪石嶙峋的牛山在云气蒸腾，波光潋滟之中显得格外巍峨秀丽，风光怡人。牛山位于临淄齐国故城南5千米，牛山传说得名于齐国始祖姜子牙。

"古冢遗迹怀晏相"，说的是在晏婴冢旁悼念"辅弱主以图强、佐景公以中兴"的贤相晏子的动人情景。晏婴冢，位于今天临淄齐都镇永顺庄东南。晏子的节俭力行被后人传为千年佳话，他出使的故事，更是世代流传。

"荒台故址吊桓公"，描写的是后人登临桓公台，凭吊这位赫赫有名的春秋霸主齐桓公的情景。桓公台位于今临淄区齐都镇长胡村东南约1千米处，此台地下夯土基址呈长方形。东西长86米，南北宽70米，台顶分两层，现台高14米，为齐故城的制高点。台四周是大片的开阔地，均属春秋战国至两汉时期的宫殿遗址。游人至此，依稀还能感觉到当年春秋时期那种四方称雄的气息。

"淄江钓罢归来晚"，写的是在夕阳西下，钓者在淄河边钓鱼归来怡然自得、悠闲快乐的情景。临淄的名字就是因为故城东临淄水而来。

"西寺搂头听晓钟"，写的是每天清晨，西天寺那沉重浑厚的钟声响彻云霄，声音远达方圆十余里外都能听到。

华 南 地 区 篇

嵩山的"八大景"分别是什么景?

中岳嵩山是我国著名的旅游胜地,这里除了丰富人文景观外,还有许多引人入胜的自然奇景。最著名的就是八景,他们分别是:少室晴雪、卢崖瀑布、嵩门待月、颍水春耕、轩辕早行、箕阴避暑、石淙会饮、玉溪垂钓。

少室晴雪:少室山是嵩山的主要山脉,非常险峻,每到夏季雨后初晴,游人站在少林寺方丈室前,可以看到山水顺石而下,在阳光的照耀下,颜色变成了银白色,像雪一样,故称"少室晴雪"。

卢崖瀑布:卢崖瀑布在悬练峰下的一高大石崖上,这里的泉水常年直泻而下,好似千丈珠链悬挂在空中。水珠积流,形成水潭,潭上突出一个黛色圆石,水流其上,好似墨浪,明朝袁宏道在上面刻有"墨浪石"三个大字,人们将此景叫做"卢崖瀑布墨浪流"。

嵩门待月:嵩山上有两座山峰,嶙峋崛突,相峙对立,就相门的两个立柱一样,所以称为"嵩门"。每到中秋时节,皎月就会从这半圆形的门洞中升起,不偏不倚、月满嵩门。后来每逢中秋赏月的时候,人们便从四面八方来到法王寺大殿的月台上,在这里高谈阔论、饮酒欢歌,直待月出嵩门,饱览胜景。有时候直到半夜三更,游人还留恋不舍。故有诗曰:"嵩门待月不忍归"。

颍水春耕:颍河两岸大部分都是梯田,每年春耕开始,耕牛拉犁前边走,农夫扶犁后边行,扬鞭驱犊,南耕北耘,人畜倒影,置于水中,好像一幅天然的春耕圆案,甚是好看。

轩辕早行:轩辕关又名"娥岭关",位于太室山与少室山之间。

一口气读懂地理常识

这里早晨雾遮山腰，由下边向上看，好像神仙腾空驾云一样，故有"轩辕早起上云端"之说。

箕阴避暑：箕山坡上树林茂密，两侧的石壁如剑，石洞阴润整洁，芳草苔蔓如毯……炎夏仲秋之时，这里环境幽雅，景色秀美，空气湿润，凉爽无比。因而，游人们常常云集于此觉胜避暑，所以得名箕阴避暑。

石淙会饮：嵩山东南玉女台下的石淙洞，就是"石淙会饮"之处。洞中有巨石，两岸有多处洞穴，这里水声石响，淙淙有声，故名"石淙"。唐代武则天多次到这里寻欢作乐，有一次游览嵩山时，笙笛歌舞，大宴群臣，提笔赋诗，摩崖碑刻。后来这地方得名"石淙会饮"。

玉溪垂钓：在颍水下游，有一个面积有数百平方米天然湖泊，叫"玉溪"。玉溪湖中，有一块约9米见方巨石，石头的2/3没于水中，游人可登石稳坐，执竿钓鱼。传说姜子牙经常隐居于玉溪湖畔，坐在巨石上钓鱼。"玉溪垂钓"即由此而得名。

少林寺为什么称为"禅宗祖庭"？

众所周知，佛教分为很多流派，在中国影响最深远的是"禅宗"，传说达摩祖师在少林寺面壁9年，根据佛法创建的佛教的这个宗派，达摩祖师被后人尊为禅宗东土初祖，少林寺自然就成了"禅宗祖庭"。

传说菩提达摩不辞艰辛，从南天竺国渡海来到东土，他首先到了金陵，1月之后来到永宁寺，看到那里九级浮屠"金盘炫日，光照云表；宝铎含风，响出天外；歌咏赞叹，实是神功"，他说自己活了150岁，周游这么多国家，没有见过像永宁寺这样精美的寺院，

真是极尽佛的境界。于是，达摩口唱南无，合掌赞美不停。离开永宁寺后，达摩来到几十里外的嵩山少林寺，并且落脚于此，在这里终日面壁，悟出了广大的佛法。

现在人们通称的少林寺是寺院的中心部分，总占地面积约3万多平方米，它沿山坡而建。寺内现存有山门、客堂、达摩亭、白衣殿、地藏殿及千佛殿等。千佛殿内有明代五百罗汉朝毗卢壁画。寺旁有塔220余座的塔林，还有初祖庵、二祖庵，以及附近的唐法如塔、同光塔、五代法华塔、元代缘公塔等。

白马寺名字的由来？

关于白马寺得名的传说很多，但能确认的一点就是和一匹白马有关。传说《西游记》中玄奘取回的经书就放在白马寺，另外有说白马寺也是中土第一寺。

东汉永平七年，正月十五元宵佳节这天夜里，汉明帝在南宫梦见一个金人，身高六丈，顶佩白光，飞绕殿庭。第二天，他遍访诸大臣，其间有一名傅毅的人奏道："西方有神，其名曰"佛"，形如陛下所梦。"汉明帝信以为真，便派大臣蔡扎秦景等18人，出使西域拜求佛法。汉使西行至大月氏国（今阿富汗一带），遇到印度高僧摄摩腾、竺法兰2人，并得到佛经和释迦牟尼佛像。永平十年（公元67年），二高僧应邀和东汉使者一道，以白马驮着佛经、佛像同返国都洛阳。翌年，汉明帝敕令于洛阳城西修造寺院，为纪念白马驮经之功，特命名为"白马寺"，并专门安排两位印度高僧长期禅居寺内，译经传教。自此，佛教才得以在中国传播开来。后来，唐朝时期的玄奘是洛阳偃师人，他取经回来之后，就将经书存放在家乡附近的寺庙，也就是白马寺里，据说，大部分经文都是在这座寺庙

里翻译并流传到全国各地的。所以，人们也称白马寺为中土第一寺。

洛阳龙门石窟最大佛像有多高？

洛阳龙门石窟分布在河岸两旁的峭壁上，南北长约 1 千米。奉先寺中的卢舍那雕像是龙门石窟造像的杰出代表，它总高 17.14 米，头高 4 米，耳长 1.9 米。

龙门石窟从北魏孝文帝迁都洛阳是开始动工，经过东魏、西魏、北齐、北周等诸朝大力营造，到了唐太宗至玄宗时期，由于太平公主和武则天崇尚佛教，龙门石窟又迎来了开凿的第二次高峰。它现在已是一个拥有石窟1352个，佛龛750个，造像10万尊，造像题记和碑碣3600块，佛塔40余座的大规模石窟群。数量之多位居全国各石窟之首，其气魄之博大，蕴涵之深邃，雕刻之精湛，堪称世界雕塑艺术宝库中光彩夺目的奇葩。

为什么红旗渠被称为"世界第八大奇迹"？

20 世纪 70 年代初，周恩来总理曾自豪地告诉国际友人，新中国有两大奇迹：一个是南京长江大桥；一个是河南林县红旗渠。红旗渠开辟难度非常高，所以人们把它和中国的长城及埃及的金字塔等七项并称为"世界第八大奇迹"。

红旗渠是在太行山悬崖峭壁上盘山开凿修建的，它的总长近2000 千米，从山西省平顺县侯壁断下引漳河水入林县。整个工程持续了 10 个春秋，勤劳的河南人民，逢山凿洞，遇沟架桥，硬是削平了 1250 个山头，架设 151 座渡槽，凿通了 211 个隧洞，修建各种建筑物12408 座，挖砌土石 1640 万立方米，用工 4000 多万个。如果把所有挖砌土石垒筑成宽 2 米、高 3 米的墙的话，可以纵贯祖国南北，

把广州和哈尔滨连接起来。全县形成了引、蓄、提相结合的水利网，建水库、池塘400多个，建中小型水电站80多个，灌溉面积40万亩，解决了人畜饮水的困难，并提供了工业用水。

诸葛亮的故乡在哪儿？

三国时期杰出的政治家、军事家诸葛亮是实实在在存在的人物，他是南阳人，也就是今天的河南省南阳地区。南阳的卧龙岗，就是他"躬耕南阳"的故址。

魏晋时期，后人在卧龙岗上建庵祭祀诸葛亮。唐宋时期，卧龙岗上的诸葛庵已闻名天下。它坐西向东偏南，现存殿堂房舍267间，主要建筑由东向西。卧龙岗的武侯祠现存古建筑群为元、明、清时期，祠内保存着汉以来历代碑刻，匾额楹联600多幅，在全国武侯祠中数居首位。其碑刻书法，真草隶篆无所不具，其中最为珍贵的是岳飞曾在此手书诸葛亮的前后《出师表》，其字体苍劲峭拔，备受推崇。

鸡公山是因形状如公鸡而得名的吗？

鸡公山以奇峰闻名，它得名鸡公山是因为这座山的山势状如雄鸡。

鸡公山的报晓峰昂首屹立于群峰之间，如雄鸡引颈长鸣，峰顶巨石嶙峋，看上去就像雄鸡的鸡冠，其西北方有一块石头突出，像雄鸡之喙，长岭和灵华山在两侧就像是雄鸡的双翼，峰的左右有两条沟则与鸡爪相似。

关于他名字的由来，还有一种说法，传说在很早以前，鸡公山这个地方有一年闹蝗灾，天庭派金鸡大仙前去拯救这里的百姓。在金鸡大仙的帮助下，蝗虫被消灭了，但是为了怕蝗虫再次回来，金

一口气读懂地理常识

鸡大仙就在最高的地方变作一座像鸡的山，后人就叫这个山为鸡公山了。这种说法传说的成分居多。

鸡公山素以"山明水秀、泉清林翠、气候凉爽、风景幽奇、别有天地"而驰名。海拔不高，但位置独特，有高山气候，却无高山反应，特别适宜疗养避暑。甚至在盛夏，这的平均气温也在24℃左右，所以享有"午前如春，午后如秋，夜如初冬"、"三伏炎蒸人欲死，清凉到此顿疑仙"之美传。

洛阳的龙峪湾森林公园里有"龙迹"吗？

龙峪湾原名龙浴湾，和龙有着密切的关系，传说古时候这里是蛟龙沐浴的地方，故而得名，另外还有一名字为"龙峪挖"，说的是蛟龙浴后抓石而上，所以到现在尚留有"龙爪"遗痕。

龙峪湾地处亚热带与温暖带的过度地带，境内山巍、水澈、峰奇、石怪、洞幽、瀑壮泉清，森林茂密、植被原始、奇峰林立、古木参天，有黑龙潭、白马潭；仙人瀑布、彩虹瀑布、青龙瀑布；仙人洞、藏兵洞、贞女洞、帽盔洞等。于1994年5月正式对外开放，现已开发12个景区，218个景点。园内有中原第一峰"鸡角尖"海拔2212.5米，山势雄伟，壁削万仞；千年太白杜鹃，花冠如拳，花香醉人；黑龙瀑喷珠吐玉，银光飞溅；仙人谷碧水清潭，流云飞瀑，景色极为状观；万亩落叶松森林浴景区内遮天蔽日，旱莲遍布。

在函谷关发生过哪些著名战役？

从周慎靓王三年开始，楚怀王举六国之师伐秦，秦在函谷关使六国军队"伏尸百万，流血漂橹"。到秦始皇六年，赵、卫等五国军

队犯秦，"至函谷，皆败走"。后有"刘邦守（函谷）关拒项羽"和"安史之乱"的唐军与叛军的"桃林大战"，近代抗击日本侵略军的"函谷关大战"，都是在这里进行的。

函谷关道两侧，绝壁陡起，峰岩林立，地势险恶，地貌森然。古书上说函谷关道"车不分轨，马不并鞍"，"一泥丸而东封函谷"。近年村内一农民在田间劳动时，曾挖掘出一具古代人骨，发现其身上中箭十多处，经文物部门鉴定，死者身上的箭簇为战国时期制品，可见当时战争之斑。

函谷关西据高原，东临绝涧，南接秦岭，北塞黄河，是我国建置最早的雄关要塞之一。所以有"双峰高耸大河旁，自古函谷一战场"之说。

黄鹤楼为什么能千古流芳？

千古名楼、闻名中外的黄鹤楼位于武昌蛇山黄鹤矶头，始建于三国吴黄武二年（223 年），几经兴废，1985 年依清朝蓝本重修，同时建有系列亭阁廊轩等。黄鹤楼因唐崔颢题诗而得名，与岳阳楼、滕王阁并甲天下。历代名士崔颢、李白、白居易、贾岛、陆游、杨慎、张居正等，都先后到这里游乐，吟诗作赋。1927 年 2 月，毛泽东考察完湖南农民运动后来到武昌，也写下了著名的《菩萨蛮·登黄鹤楼》："茫茫九派流中国，沉沉一线穿南北。烟雨莽苍苍，龟蛇锁大江。黄鹤知何去？剩有游人处。"

1957 年建长江大桥武昌引桥时，占用了黄鹤楼旧址，如今重建的黄鹤楼在距旧址约 1 千米的蛇山峰岭上，更加雄伟壮丽，高 5 层，另加 5 米高的葫芦形宝顶，共高 51.4 米，比古楼高出将近 20 米。

新楼底层比古楼底层多宽将近 15 米，在主楼周围还建有胜象宝塔、碑廊、山门等建筑。

在五层大厅的外走廊，举目四望，视野开阔。这里高出江面近 90 米，大江两岸的景色，历历在望，令人心旷神怡。黄鹤楼所在的蛇山一带辟为黄鹤楼公园，种植了很多花草树木，还有一些牌坊、轩、亭、廊等建筑，其中一个诗碑廊，收藏着刻有历代著名诗人作品的石碑，蛇山一带的古代景点都将陆续修复。黄鹤楼将成为位于我国心脏地带的中心城市武汉的一个重要标志。

能与西湖媲美的武汉东湖在哪儿？

朱德元帅曾说"东湖暂让西湖好，今后定比西湖强"。现在的东湖真可与西湖各领风骚了。

武汉东湖风景区位于武汉市城区内环与中环之间，面积约 80 平方千米，其中湖面面积约 33 平方千米，是武汉城区内最大的湖，也是中国最大的城中湖。东湖容量大，湖山秀美，岸线曲折，岛渚罗布，有 34 座山峰紧紧环绕，形成山水交融的自然景观。东湖主要游览点为寓言园、音乐喷泉、湖光阁、行吟阁、九女墩、长天楼、磨山新景区，每个景区都风景各异，同样有移步换景的妙感。此外东湖风景区降水丰富，气候湿润，适合各种植物的生长发育，东湖最有名的花卉是梅花和荷花，中国梅花研究中心和荷花研究中心均设在此地。

东湖文化内涵丰富，楚国的代表人物和楚文化的杰出创造者屈原曾行吟湖畔，现在此建有专门的楚文化旅游区。东湖风景区的旅游服务设施较为完备，市内交通十分发达，有 15 条线路公交车辆直入景区。近年，东湖又建成了沙滩浴场、樱花园等一批景观景点，

启动了落雁生态休闲区的开发，整个风景区将以更优美的景观内容和更多的参与活动迎接八方宾客的到来。

武汉长江大桥为什么被称为"万里长江第一桥"？

武汉长江大桥号称"万里长江第一桥"，位于武汉市内，横跨于武昌蛇山和汉阳龟山之间，于1957年10月通车。毛泽东曾为此赋诗："一桥飞架南北，天堑变通途"。长江大桥、长江二桥、三桥及汉江上的五座桥使武汉继"江城"之后又有了"桥城"的美誉。

人们数千年来盼望长期分割的武汉三镇连为一体，让长江"天堑变通途"的梦想终因武汉长江大桥的全面贯通变为了现实，从此打通了被长江隔断的京广线，是中国人民跨越长江天堑的第一次伟大胜利。武汉长江大桥是一座公路铁路两用桥，全长约1670米，正桥部分约1156米，两岸引桥共约514米。上层公路路面宽约18米，可以并行行驶6辆汽车，两侧设有人行道，下层为双线铁路桥。武汉长江大桥凝聚着设计建造者们匠心独运的聪明才智和精湛的技艺。从大桥的建筑设计上看，有极富中国民族建筑的特征，在桥面两侧，是铸有各种飞禽走兽的齐胸栏杆；大桥的两侧是对称的花板，内容多取材于我国的民间传说、神话故事等，有"孔雀开屏"、"鲤鱼戏莲"、"喜鹊闹梅"、"玉兔金桂"等，极具民族气息。在大江之中矗立着的8个巨型桥墩，米字形桁架与菱格带副竖杆使巨大的钢梁透出一派清秀的气象和达35米高的桥台耸立在两岸，给大桥增添了雄伟气势。武汉长江大桥不仅为长江增添了一道不可多得的亮丽风景，也是一座矗立在中国桥梁建筑历史上的丰碑，必将在未来的岁月里继续

装点江城人民的视线。

历史上著名的赤壁之战发生在哪儿？

三国时期，赤壁大战是孙、刘联军和曹操的鏖战，奠定魏蜀吴三分天下的基础，在三国史上占有重要的地位，是三国访古旅游的必到之处。三国赤壁又称武赤壁，与号称"文赤壁"或"东坡赤壁"的黄冈赤壁相对应。

赤壁遗址是由 3 座小山组成，即赤壁山、南屏山和金鸾山。这 3 座小山起伏相连苍翠如海，再加上亭台楼阁错落地隐现于其间，景色秀美。赤壁山的西南临江处，岩斜亘 300 余米，怪石嶙峋，汹涌的江水直扑断崖，卷起千层浪，声如巨雷。自古以来，文人骚客都喜欢来此凭吊，故留下众书。崖壁上各长约 150 厘米、宽约 104 厘米，相传为周瑜手书的临江摩崖"赤壁"二字，让人想见当年的刀光剑影。"赤壁"二字的近旁，还有诸葛亮、刘备、关羽和张飞的画像石刻，可谓书画并茂。南屏山顶设有拜风台，传说是诸葛亮祭东风时的七星台遗址，后殿中的诸葛亮、刘备、关羽、张飞坐像，极其传神，颇引人注目。金鸾山腰的凤雏庵据说是凤雏庞统隐居读书的旧址所在。

赤壁山顶建有相传为诸葛亮、周瑜在赤壁之战观察曹操动静的遗址翼江亭。现在的亭子是后人在原地所建，碧瓦飞檐，六角攒尖，与黄盖献苦肉计的遗址——中峰望江亭遥遥相望，交互映衬。在亭中俯瞰长江，游人忍不住要故国神游之思，想见当年赤壁鏖兵时"樯橹灰飞烟灭"的壮观场面。

东坡赤壁为什么又被称为"文赤壁"？

东坡赤壁因苏东坡曾在此吟诗而闻名于世。为什么又名"文赤

壁"呢？原来苏东坡被贬黄州时，曾来此游览，误以为是三国时赤壁大战的所在，并于公元1082年7月和10月，两次月夜泛舟于赤壁下的江中，写出了著名的《赤壁赋》和《念奴娇·赤壁怀古》。

东坡赤壁位于黄冈市黄州区赤壁矶头，背靠宝石山和玉山，俯瞰长江。《黄州府志》中对文赤壁有过这样的描述：崖石屹立如壁，其色赤，亦称赤壁。在苏东坡的词中可以看到东坡赤壁的历史斑驳与自然景色的无限美好。

东坡赤壁不仅以其秀丽的风景吸引着游人的注目，而且也因收藏着历代名家金石书画而闻名。有宋、元以来的木刻、碑刻、竹质腐蚀版共60余幅、250多块，特别珍贵的是碑阁里藏有苏轼的诗、词、赞、牍手稿石刻112块，并嵌于阁内四墙。

在坡仙亭内，左壁嵌有苏轼《月梅》画真迹石刻，画面中上弦月高高悬在空中，月光下梅枝如虬龙般伸展着，抒发了诗人当时的心情。右壁有他《念奴娇·赤壁怀古》手迹石刻，是苏轼醉后草书，笔势遒劲潇洒无拘，起落圆转宛若瀑布泻涧。

在哪里能看到神农架野人的踪影？

神农架自然保护区始建于1983年，位于湖北省巴东、兴山、房县三县交界处，神农架林区的西南部，面积约70464万平方米。野人梦园位于神农架自然保护区小龙潭，这里是神农架野人考察队的大本营，同时还是金丝猴的主要观察点，建有野人展览馆和野生动物救护站。

神农顶是神农架的最高峰，海拔约3105米，有"华中屋脊"之称。神农架的名字得名于炎帝神农氏曾经在这里遍尝百草，为民兴利除病。神农架本来就山水绝佳、充满神秘的神话色彩，自从近代

以来屡次发现了野人踪迹之后，更是充满了奇异迷人的情调。许多人都想一览在这崇山峻岭，葱郁森林中的"原始"秘密，可结果一直是犹抱琵琶半遮面。除了窥探这里的野人秘密之外，感受神农架原始、自然的风景，体会"山脚盛夏山岭春，山麓艳秋山顶冰，风霜雨雪同时存，春夏秋冬最难分"的气候特色更是一种特别的享受。

野人展览馆展示了野考成果，其中包括野人踪迹分布图、野人目击者照片、野人的毛发粪便、现场灌制的野人脚印及中科院对以上标本的分析和鉴定等相关分析研究材料等。展览馆共分三个展厅。第一个展厅概述古今中外各地发现野人及中科院三进神农架考察野人的基本情况。第二个展厅主要是生态摄影展。以"神农架群峰"、"神农架林海"、"神农架药园"、"金丝猴"、"野生动物"、"神农架迷宫"为主题介绍神农架。第三个展厅从野人的生活、性情等方面介绍野人，还展示有野人的毛发、现场灌制的脚印、毛发和粪便的光谱分析图，这些似乎都表明：的确有一种既不同于现代人类，又不同于其他已知灵长类动物的存在。

亚洲第一大人工水库丹江口水库有哪些景点？

丹江口水库位于湖北丹江口市和河南淅川县境内，是该地区重要的水利枢纽工程，以龙巢山、大小孤山等名胜景区和宽广的水面著称。

丹江口水库是亚洲第一大人工水库，于1958年始建，1973年竣工，水域面积126万亩，蓄水总量达81亿立方米。水域之广，被人称作"小太平洋"。

丹江口水库的自然景色优美，是江河旅游的最佳去处，江面上有四通八达的航线，库区内有自成体系的公路。从这里西上过荆山

紫关可通秦川，南下可达荆楚，东进可入中原大地。库区内巍巍雄峙的龙巢山，山上有一座叫为"龙山宝塔"古塔，又名"文笔塔"。远看极像一枝拔地而起、屹立山顶的笔杆。塔高 11.5 米，直径 6.5 米。登上塔顶，远眺武当山天柱峰和九曲回环的汉水，山光水色相辉映，令人心旷神怡。

水库的雁口一带有几十里狭长的江面，夹岸奇峰对峙，陡壁峭拔，野藤倒挂，山环水绕，这就是著名的可与长江三峡媲美的丹江"小三峡"——云岭峡、大自峡、雁口峡。狮子山壁上有一天然石佛，高达 15 米，面向江面，平视前方，神态安详，正襟危坐，颇有乐山大佛之雄姿。其慈颜端庄肃穆，两手合掌于胸前，好像正在给坐艇、荡舟的游人祝福。丹江水面碧波千顷，天水一色，山清水秀，美丽如画，奇山异石，独具姿彩。游艇渔舟荡漾在绿波之上，人绕水转，山随人移，人如画中行，山似水上漂，令人心旷神怡，乐趣无穷。

武当山为什么是我国道教四大名山之一？

武当山位于丹江口市武当山旅游经济特区内，汉水丹江水库南岸，背倚苍茫千里的神龙架原始森林，面临碧波万顷的丹江水库，原名太和山，相传为上古玄武大帝得道升天之地，有"非真武不足当之"之说，故此得名。从东汉末期道教诞生起，武当山就被尊为道教仙山，为我国四大道教名山之一。

武当山是我国著名的国家级风景名胜区，以奇特绚丽的风景、宏伟古老的建筑、丰富珍贵的文物、外柔内刚的拳术、博大精深的道教文化、美妙动听的传说而闻名海内外，其规模庞大的古建筑群已被列入"世界文化遗产名录"。武当山道教文化以其丰富的内涵，

形成了以道教建筑、武当道拳、道家药膳、道家服饰、道教音乐、道教法事等独特而美妙的文化形式。

武当山的自然胜景，以"雄"为著称，兼有险、奇、幽、秀特色，有72峰、36岩、24洞、11洞、10池、10石、9泉、9井、9台、3潭。主峰天柱峰，海拔约1612米，如金铸玉琢的宝柱雄刺苍天，素称"柱擎天"。登峰远眺，群峰犹如繁星点点，丹江水库恰似明镜一面。武当山人文景观众多，唐贞观年间即建有五龙祠，宋、元、明、清均曾大兴土木，尤明为盛。明永乐十年，建成了8宫、2观、36庵堂、72岩庙、39桥梁、12亭台等庞大的建筑群。这些建筑均镶嵌在峰峦岩洞和奇峰幽壑之中，规模宏伟，雕塑细腻，技艺精湛。除此还有以"治世玄岳"牌坊、遇真宫、玉虚宫、元和观、磨针井、复真观、紫霄宫、太子岩、南岩、龙头香、太和宫、金殿、五龙山、天柱峰等为主的著名道教文化景观。

"长江三峡四百里画廊"在哪儿？

宜昌这座美丽名城，风光旖旎，素有"三峡门户"、"峡口明珠"之美誉。在这里能饱览三峡美景，其中著名的"长江三峡四百里画廊"也能在这里看到。

宜昌位于长江北岸、三峡东口。全市有旅游点350多处，享有盛誉的有达100多处，其中有世界著名的长江三峡画廊、三峡水利工程坝址中堡岛及葛洲坝水利枢纽。随着三峡工程的兴建，这里已成为国内外游客向往的热点。三峡之一的西陵峡，位于宜昌境内，其奇峡险滩，令人叹为观止，有"西陵山水天下佳"之称。还有千姿百态的五峰、远安天然溶洞群，著名的三峡洞、金狮洞、白马洞、龙泉洞、长生洞、燕子洞等迷宫奇观。

宜昌古称夷陵，有 2400 多年的历史，因"水至此而夷，山至此而陵"得名，是三国古战场，是楚文化的发祥地，也是屈原和王昭君的故乡。悠久的历史给我们留下了如巴人遗址、三国古战场遗址、阳玉泉寺，清江小三峡、兴山高岚风光及栩栩如生的卧佛，风采各异美不胜收。众多的山水风光，自然景观和人文景观，与宏伟的葛洲坝工程、隔河岩水电工程交相辉映，形成了独具特色的旅游资源。

著名的凤凰古城在哪里？

凤凰县位于湖南省湘西土家族苗族自治州的西南部，西与贵州省松桃、铜仁两县接壤。

凤凰县西南有一座山，样子很像展翅而飞的凤凰，故以此而得名。凤凰古城古称镇竿，是湘西的边陲重镇，总面积 1700 多平方千米，人口 37 万，是一个苗族、土家族为主的少数民族聚集县。凤凰城在春秋战国时期属楚地，秦朝时期属黔中郡，唐朝时期被称为渭阳县，元、明设五寨长官司，清设厅、镇、道、府，成为湘西军事政治中心。现在的城始建于清康熙五十四年（1715 年），是一座石城，开设四门，城楼建筑式样是仿北京前门，开有枪眼，以防来敌。这里历来是兵家必争之地，统治者为了镇压苗民的反抗，屯卒屯兵，修建 500 左右的碉堡，200 左右的营汛，控制着周边的 500 苗寨。这些碉堡、营汛现在早已残毁败落，只在黄丝桥、阿拉营、湘西的大小山头，仍能寻到它们的踪迹。如果把它们连为一个整体，也就是现在所发现的"南长城"。

凤凰城不仅自然资源丰富，而且山川秀丽，风景优美，名胜古迹也多。有保存完整的黄丝桥古城；有洞长数里的奇梁洞；有峭壁千仞的天星山；有定时涌水的龙井潮泉；有凌空飞泻的瀑布；有保

持着浓厚民族特色的苗族聚居区；更有飞檐斗拱的朝阳宫、万寿宫、大成殿、天王庙、遐昌阁等古建筑，整个山城保持着古色古香的风貌。城外还有南华山国家森林公园。

被称为"世界湖泊经典"的湖在什么地方？

宝峰湖被称为"世界湖泊经典"，位于湖南张家界武陵源风景名胜区的核心地带。

宝峰湖，其核心景区是长 2.5 千米、宽 200～1000 米，平均深 72 米，是目前武陵源风景区内唯一以水为主的旅游景点。宝峰湖四周奇峰环抱，湖水幽深碧翠，绝无人为污染，因而水质清冽，为人称道。湖的四周，是数座绿树簇拥、形态各异、刀劈斧削的砂岩石峰。若荡舟于宝峰湖中，能看见湖面如镜，奇峰绿树尽映湖中，呈现出一幅美妙的上下对称的山水画，乐趣无穷。环绕宝峰湖周围的还有宝峰飞瀑、一线天、云崖栈道、南海等 20 多个知名景点。其中位于宝峰湖入口处的宝峰飞瀑，它从百米高处飞流直下，悬若白练，声若雷鸣，蔚为壮观。云崖栈道由人工开凿在陡峭的石壁之上，上下构连，奇险无比。走完栈道，便到了海拔 1000 多米的鹰窝寨。这里山崖陡峭，鹰猿愁攀，山间古木参天，遮天掩日。之所以叫鹰窝寨是因为这本来只有老鹰筑窝的地方，其中却藏着一座古香古色的观音庙。整个寺庙隐蔽、幽静，是善男信女解脱尘世烦恼、祈福消灾的绝好去处。

宝峰湖是武陵源山水的绝唱。1988 年 1 月，中共中央顾问委员会副主任薄一波应请在北京题写的湖名已刻于石壁。著名诗人邵燕祥吟诗赞叹："峻峡深藏酒一区，藏醒藏醉不藏愁。山于绝处话芳草，水到穷时横小舟。爱此风光高档次，唐情宋思暂勾留"。

天门山因何而得名?

天门山古称嵩梁山,又名云梦山、方壶山。三国吴永安六年(公元263年),嵩梁山千米高绝之处峭壁忽然洞开,玄朗如门,吴帝孙休视之吉兆,天门洞开之说流传天下,嵩梁山也由此易名天门山。

天门山位于张家界市以南,雄踞在永定区天门山乡与大坪乡之间,与七星山、熊壁岩毗连,距世界著名的张家界国家森林公园40多千米,是张家界市的一道天然壁画。山上森林资源丰富,覆盖率达80%以上,是一座张家界国家森林公园里的"国家森林公园"。

被称为通天大道的盘山公路是上天门山的唯一公路,共计99弯,似玉带环绕,弯弯紧连,层层叠起,依山籍壁,直冲云霄。天门山以天门洞得名,被称为天下奇观的天门洞高130多米,宽50余米,南北对开于千寻素壁之上,气势磅礴,巍峨高绝,是罕见的高海拔穿山溶洞,更是尽显造化神奇的冠世奇观。在天门洞顶,有一股泉水,从上往下跌落,水花散开如梅花,故民间称之为"梅花水",到这的游人都会张口去接这象征吉祥的"梅花水"。这股天水,越遇天旱,流水则越大,且呈红色。如流水变成黑色,则社会上必有天翻地覆的大事出现。尤为精巧且玄妙。

天门山顶古称"云梦绝顶",是游览观光必去之处,也是天门山的制高点。站在"云梦绝顶",自然景观一览无余,以一年四季气候变化而变化。天门山的古树参天,藤蔓缠绕,青苔遍布,石笋、石芽举步皆是,处处如天成的盆景,被人誉为世界最美的空中花园和天界仙境。

被称为世外桃源的"桃花源"在哪里?

被称为世外桃源的"桃花源"位于湖南北部的常德市桃源县。

桃花源是湖南省重点文物保护单位、省十大风景名胜区之一、中国古代道教圣地之一,国家森林公园,为国家级风景名胜区,占地约157.55平方千米,这里即是东晋大诗人陶渊明《桃花源记》里所描绘的芳草鲜美、落英缤纷的人间仙境、世外桃源,至今已有1600多年的历史。

这里山水田园之美,寺观亭阁之盛,诗文碑刻之丰,历史传说之奇,举世闻名,具有很高的游览价值、历史价值和文化艺术价值。它位于常德市桃源县西南15千米的水溪镇,距常德市34千米。面临苍茫纵横的沅江,背倚绵延不绝的武陵群山,史称"黔川咽喉,云贵门户"。要居衡山、君山、岳麓山、张家界、猛洞河诸风景名胜中枢,特殊的地理位置使桃花源得以吞洞庭湖色,纳湘西灵秀,沐五溪奇照,揽武陵风光。集山川胜状和诗情画意于一体,熔寓言典故与乡风民俗于一炉。桃花源景区分神话故乡桃仙岭、道教圣地桃源山、洞天福地桃花山、世外桃源秦人村四大景区,其中桃花山、秦人村为桃花源的中心的近百个景点。一年一度的桃花节,从3月28日开始,历时一个月,是桃花源最为美丽的时节,满眼春色,万紫千红。

坐落在洞庭湖畔的是三大名楼中的哪一座楼?

岳阳的岳阳楼、武昌黄鹤楼、南昌滕王阁是我国江南的三大名楼。而坐落在洞庭湖畔的是岳阳楼,踏位于岳阳市洞庭路老城西门楼上,楼下即浩瀚的洞庭湖。

岳阳楼是我国古建筑中的瑰宝，自古有"洞庭天下水，岳阳天下楼"之誉。岳阳风光之美，集中在洞庭湖而钟于岳阳一楼。以岳阳楼、君山为中心而构成的巴陵胜景，闻名遐迩。岳阳楼矗立于洞庭湖东岸，岳阳市西门城墙上，西临烟波浩淼的洞庭湖、北望滚滚东去的万里长江，水光楼影，相映成趣。岳阳楼始建于三国，属当时的吴国，用于阅军。岳阳楼久经沧桑，屡毁屡修。宋庆历四年（1044 年），岳阳楼经重修，范仲淹撰写了千古名文《岳阳楼记》。现在的岳阳楼景区面积不大，城楼左侧有"仙梅亭"，始建于明崇祯年间；右侧有"三醉亭"，建于清代。岳阳楼主楼为清同治六年(1867 年)重修，分 3 层，高约 15 米，全部采用纯木结构，没有用一颗铁钉，没有用一道巨梁。顶层为黄琉璃瓦灰顶，金碧辉煌。楼内一、二层厅堂各嵌有巨幅《岳阳楼记》雕屏，一层是复制品；二层所嵌雕屏为清代大书法家张照所书，字形端正，笔力雄厚；三层所嵌雕屏则是毛泽东书杜甫的五言律诗《登岳阳楼》。岳阳楼以北有小乔墓，高高垒起的墓冢为圆形土堆。

衡山的主峰祝融峰的来历？

祝融峰，海拔近 1300 米，是南岳七十二峰的最高峰和主峰。在古语中，"祝"是持久，"融"是光明，意思是让它永远光明。传说火神祝融氏是管火的大臣，因为当时发明了钻木取火却不会保存火种和不会用火，所以祝融氏来到人间，传授这方面的技艺，当时就住在衡山，死后又葬在衡山。为了纪念他对人们的重大贡献，将衡山的最高峰命名祝融峰，峰上还建有祝融殿。

南岳衡山是中国五岳之一，位于湖南省衡阳市境内，群峰巍峨，

气势磅礴，有大小72峰，以衡阳回雁峰为首，长沙岳麓山为足，逶迤400千米，横跨衡阳、衡山、衡东、湘乡、湘潭、长沙6市县。王峰、祝神峰（海拔1290米）一带是南岳衡山的中心，面积约184平方千米，大体可分为山麓、半山、祝融峰三大景区。衡山四季景色各极其胜，初春可赏玩繁花，盛夏可观看云海，金秋可远眺日出，冬日可欣赏雪景。现为国家风景名胜区、全国首批AAAA旅游区、全国文明风景旅游区示范点、中国旅游知名品牌。

我国目前保存最完好的一座古代书院在哪儿？

岳麓书院位于长沙市湘江畔岳麓山东侧，是北宋四大书院之一，也是我国目前保存最完好的一座古代书院。

岳麓书院占地25000平方米，建筑面积约7030平方米。主轴线上依次为前门、赫曦台、大门、二门、讲堂、御书楼。主体建筑左为文庙，右为百泉轩及园林建筑，大门两侧为斋舍。讲堂正中悬清乾隆御书"道南正脉"匾，左右壁有石刻"忠、孝、廉、节"四个字，左右两廊有清欧阳正焕所书"整齐严肃"石刻。讲堂前中庭两侧有半学斋、教学斋。讲堂后建有御书楼，楼前有拟栏、汲泉两亭。书院主体建筑左为文庙，右为百泉轩。民国元年废学堂，拟在书院旧址创办湖南大学未成。1926年，复以书院旧址创办湖南大学。后被日军飞机两次轰炸，炸毁斋舍及御书楼。1945年后，柳士英等曾主持修复。1981～1986年大修后，已复旧观。1988年，岳麓书院被列为全国重点文物保护单位。

岳麓山上自然风光以奇、珍、幽、美为胜。这里林草繁茂，有植物种类达几千种，各种名木应有尽有，甚至千年以上树龄的古树亦可见到，还有濒危树种，如皂荚、白玉兰等。漫山遍野，姹

紫嫣红。岳麓山区野生动物繁衍较旺，有画眉、黄鹂、杜鹃，还有啄木鸟、鹦鹉、猫头鹰等飞禽，有狐狸、山羊、野兔、山鸡等走兽。幽，幽壑千重，幽泉千缕，若你冬季来此且碰巧遇上岳麓漫天飞雪，著名的潇湘八景之一有"江天暮雪"，即此。美，岳麓山四季都美，冬雪美，春花美，而秋天来临的时候，果实累累更是美不胜收。

毛主席是在哪写的《沁园春·长沙》？

橘子洲头江面处建有望江亭和游廊，迎面耸立一块巨形汉白玉纪念碑，上刻毛泽东手书"橘子洲头"四个大字和他 1925 年秋在此地所作《沁园春·长沙》一词。

橘子洲又称橘洲、水陆洲，它位于长沙市区对面的湘江中流，是湘江下游众多冲积沙洲之一。橘子洲，西望岳麓山，东临长沙城，四面环水，绵延十里，狭处横约 40 米，宽处横约 140 米，形状是一个长岛，是长沙重要名胜之一。湘江从橘子洲旁边缓缓流过，春天江鸥点点，夏秋林木葱茏，冬天又有潇湘八景之一"江天暮雪"的景致可看。1904 年后，长沙辟为对外开放商埠，洲上建有英国领事馆、长沙新关。现在橘子洲上建有公园，占地约 142000 平方米，里面种植着数千株橘树，每当秋收时节，橘树上硕果累累，这时站在洲头极目楚天，令人心旷神怡。

韶山毛主席故居有哪些景点？

在距湘潭市 40 千米的地方，有一块山清水秀的地方，一个与世隔绝的世外桃源，传说舜皇曾在这里演奏过"韶乐"，所以人们就将它叫做韶山。这里是伟人毛泽东出生的地方，并在此度过了青少年

时代。

韶山每年接待海内外游客 100 万人次以上，是中国优秀文明旅游城市，全国爱国主义教育示范基地；来湖南旅游的首选和必选的旅游目的地。1994 年 1 月 10 日，湖南省韶山风景名胜区被国务院批准列入第三批国家级风景名胜区名单。韶山为国家重点风景名胜区：这里有毛泽东故居（上屋场）、毛泽东读私塾旧址（南岸）、毛泽东纪念馆、毛泽东铜像、滴水洞、松山一号楼、诗词碑林、毛泽东纪念园、毛氏三祠、韶峰、虎歇坪、毛泽东父母墓、祖父墓、曾祖父墓、观日阁、青年塑像、烈士陵园、青年水库、韶山水库、映曦台、有银田寺、韶山学校、观音石、车箩石壁、云富索、十八罗汉山、石屋清风、顿石成门、韶峰水库、小韶山、红旗水库、天鹅山、燕子洞、四仙抬宝、雄狮吞日、樟木山、黑石寨、堂佳阁等。此外，还有新建的毛泽东图书馆。

中国第一个潜水旅游基地在哪里？

水东南海半岛被称为"中国第一滩"，位于广东省茂名市水东经济开发试验区南部岸边。之所以称这里为中国第一滩，因为这里有全国第一条营造成功的 80 多千米的最长沿海防护林带。距岸 8 海里的旅游景点放鸡岛是国家旅游局规划的全国第一个潜水旅游基地。放鸡岛周围海水的透明度为全国第一，能见度达 10 米。

水东南海半岛素有"南方北戴河"之称，洁白的海滩，蜿蜒的林带，海边建有异国风情的别墅群和民族特色的蒙古包，还有海鲜食街。在海滩上可进行泰式空中降落伞、摩托艇、沙滩足球、排球等游乐活动。环岛游可从中心区至水东湾，在海上钓鱼，观光海上食街，品尝即烹海鲜，饱览海湾秀色。潜水旅游可登临放鸡岛上作

观光游，观赏海底奇景。此外，这里还有长达 12 千米，宽约 300 米，坡度平缓，海水晶莹，温度适宜，同时可容纳近 10 万人畅游和观光的碧海银滩。这是优良的天然海水浴和沙滩日光浴的理想场所。

世界"丹霞地貌"命名地在哪儿？

丹霞山是世界"丹霞地貌"命名地。丹霞山坐落于韶关仁化县城南 8 千米处，距韶关市区 56 千米，为广东四大名山之一，面积约 290 平方千米，是广东省面积最大、景色最美的风景区。

丹霞山由 680 多座顶平、身陡、麓缓的红色砂砾岩石构成。古人曾称赞这里"色如渥丹，灿若明霞"，所以叫丹霞山。丹霞山以赤壁丹崖为特色。据地质学家研究表明，在世界已发现 1200 多处丹霞地貌中，丹霞山是发育最典型、类型最齐全、造型最丰富、景色最优美的丹霞地貌集中分布区。

丹霞山有"中国红石公园"之称，丹霞山由红色沙砾构成，所以它看上去是红色的，这类地貌叫"丹霞地貌"，是世界上著名的三大地貌之一。1988 年以来，丹霞山分别被评为国家级风景名胜区、国家级地质地貌自然保护区、国家 AAAA 级旅游区、国家地质公园、世界地质公园。丹霞山现有佛教别传禅寺以及 80 多处石窟寺遗址，历代文人墨客在这里留下了许多传奇故事、诗词和摩崖石刻，具有极大的历史文化价值。

从化温泉有什么特点？

位于广东从化市温泉镇的从化温泉，是广东省名闻遐迩的风景区和疗养胜地，距花城广州 75 千米，从化温泉又名"流溪河温泉"。

从化温泉利用历史悠久，面积有 14.5 平方千米，四面青山连

绵，远望群山如黛，莽莽苍苍，近看树木葱茏，青翠欲滴。此处温泉以水质好、水温高、泉景佳而著名，享有"岭南第一泉"的盛名。

从化温泉的泉水发源于燕山期花岗岩裂隙中，一股股从地下喷涌的暗流，带着地壳深处的热能，冲破层层岩石的阻碍，沿着曲折的岩石缝隙，源源不绝地向上奔突，朝着从化这片绿意满盈的土地涌来，给人们带来阵阵惊喜。从化温泉共有泉眼10余处，水温最高为71℃，最低为30℃，泉水含钙、镁、钠、氡和二氧化硅等多种元素，对人体健康非常有好处。股股热泉被人们引入住地房宅之内，供淋浴使用。它能对中枢神经系统的兴奋和抑制进行调节；能使血管扩张，促进血压稳定下降；能促进皮肤表皮细胞的新陈代谢，增强人体抵抗力。用它来淋浴或饮用，对关节炎、高血压、神经衰弱、慢性肠胃炎等均有一定的疗效。因此，每年都有不少病患者，慕名前来疗养。现在的从化温泉旅游度假区占地近30平方千米，由河东与河西两部分组成。从化温泉及周边气候宜人，环境幽静，景观有"温泉锦绿"、"兰苑清幽"、"百丈飞瀑"等。

珠海为什么被称为"百岛之市"？

珠海市是珠江三角洲南端的一个重要城市，位于广东省珠江口的西南部，濒临南海，东与深圳、香港隔海相望，南与澳门陆路相通。珠海市在6000多平方千米的辽阔海域内的100多个海岛像粒粒珍珠般点缀其间，是我国南海之滨的一颗璀璨的明珠。所以珠海素有"百岛之市"的美称。

珠海的海岛风光绮丽，气候宜人。其中最为著名的是东澳岛，碧海蓝天下，渔村炊烟袅袅，岛上的南沙湾有"钻石沙滩"的美名；九洲岛上水光山色，茂林修竹，环岛漫步，忘却尘世的喧嚣与繁杂；

外伶仃岛上遍布奇石，上岛可以垂钓、滑浪，是充满野趣的旅游度假地；淇澳岛风光旖旎，古迹众多，还有许多不知名的小岛像珍珠一样散布在海面上，"珠海"的名称也许就是因此而来。

珠海在从 20 年前的小渔村，已发展成为一个四通八达、高楼耸立的现代化城市。珠海属于低纬度亚热带季风区，日照充足，雨量充沛，因受海洋影响，气温的日差很小，环境非常好，空气被称为可以罐装出口。1991 年珠海以整体城市为景观被国家旅游局命名为"珠海旅游城"，成为我国"旅游胜地四十佳"之一。1998 年荣获联合国颁发的"国际改善居住环境最佳范例奖"，这可是我国第一个被授予该称号的城市。

开平碉楼现存有多少座？

在广东省开平市内，碉楼举目皆是，遍布城镇农村。碉楼林立是侨乡开平的一大特色，使开平成了奇特的碉楼王国。岁月沧桑，经过历史的变迁，昔日的 3000 多座现存还有 1833 座。

开平碉楼的建筑，与开平的地理环境和当时的社会治安密切相关。开平地势低洼，但又河网密布，所以每遇台风暴雨就会洪水泛滥，加上当时社会秩序较为混乱，因此，清初开始有乡民建筑碉楼，以作防涝防匪之用。后来，一些华侨身在国外，却为了保证家眷安全和财产不受损失，纷纷集资汇回家乡开平，建起了各式各样碉楼式的楼宇。从水口到百合，又从塘口到蚬冈、赤水，纵横数十千米连绵不断，蔚为大观。这一座座碉楼，是开平政治、经济和文化发展的见证。

开平碉楼的建筑风格融汇了世界各国建筑不同特点，成为了"万国建筑大典"。碉楼是中国乡村民众主动接受西方建筑艺术并与

本土建筑艺术融合的产物，造就了开平碉楼的千姿百态。有古希腊的柱廊、有古罗马的柱式，还有欧洲中世纪的哥特式尖拱和欧洲城堡构件等在开平随处可见。开平碉楼已成为我国第 35 处世界遗产，广东省第一处世界文化遗产。

哪里被称作"缩微世界美景"的地方？

深圳世界之窗景区是香港中旅集团在深圳华侨城创建的又一大型文化旅游景区。它毗邻"锦绣中华"和"中国民俗文化村"，一共占地 48 万平方米，以世界奇观、历史遗迹、古今名胜、自然风光、民居、雕塑、绘画以及民俗风情、民间歌舞表演汇集一园，再现了一个美妙的世界。被称为是"缩微世界美景"的地方。

深圳世界之窗景区按地域结构和游览活动内容来分，有世界广场、亚洲区、大洋州区、欧洲区、非洲区、美洲区、现代科技娱乐区、世界雕塑园、国际街九大景区，一共有 118 个景点。其中有埃及金字塔、阿蒙神庙、柬埔寨吴哥窟、美国大峡谷、巴黎雄狮凯旋门、梵蒂冈圣彼得大教堂、印度泰姬陵、澳大利亚悉尼歌剧院、意大利比萨斜塔等等。这些景点按不同比例仿建，精致绝伦，惟妙惟肖。世界广场作为景区的活动中心，可容纳游客万余人，正面有 10 尊世界著名雕塑，广场四周耸立着 108 根不同风格的大石柱和近 2000 多平方米的浮雕墙，还有象征世界古老文明发祥地的六座巨门，一座华丽的舞台，有世界各地的艺术家表演精彩的节目，让游客在文化和艺术的氛围中尽情享受。景区内交通设施齐备，有高架单轨环游车、游览车、古代欧式马车、吉普赛大篷车、老爷车等为游客提供各种趣味不同的观赏活动设施。

桂林山水为什么"甲天下"?

桂林位于广西壮族自治区东北部，是我国著名的风景旅游城市，素有"桂林山水甲天下"的美誉，是我们祖国的一颗璀璨明珠。它地处湘桂走廊南端，总面积约2.78万平方千米，其中城区面积约565平方千米。市辖秀峰、象山、七星、叠彩、雁山、华侨旅游经济区6个城区和灵川、兴安、全州、临桂、阳朔、平乐、荔浦、龙胜、永福、恭城、资源、灌阳12县。

桂林以奇特的喀斯特地貌著称于世，并形成了山清、水秀、洞奇、石美的天下闻名的桂林山水，桂林石山平地拔起，姿态奇异，石山、峰丛、峰林、孤峰，星罗棋布，疏密有致，森列无际。清澄的漓江及其支流萦绕回环于秀峦奇峰之间，从桂林至阳朔的漓江两岸，峰峦峭拔连绵，绿水平滑如镜。桂林无山不洞，2000多岩洞大都有奇异洞景。多彩多姿的漓江翠竹、金银丹桂、盘根古榕、南国红豆、石山植被等使山水充满生机。这里有国家规定保护的珍贵动物12种之多，竹筏鹭鸶捕鱼、野鸭群游江面、白鹭高峰飞翔、猴群绝壁戏水等均是漓江常见景象。桂林还有狮岭朝霞、双柱擎天、雄狮送客等著名景观，这里的飞瀑、深潭、绿湖、石笋、石花、石乳一定会吸引你的眼球，让你领略到"此景只应天上有，人间哪得几回见"。桂林有壮、瑶、侗等28个少数民族，壮族的壮戏、瑶族的长鼓舞、侗族的侗戏等民族文化特色，在饱览秀美的山水的同时，也感受到桂林的各民族多姿多彩的人文风情。

"天下第一滩"北海银滩因何而得名?

因为银滩的沙子都是上等的石英沙，在阳光的照射下，洁白、

细腻的沙滩泛出银光，故称银滩。

北海银滩是我国唯一建在少数民族自治区的国家级旅游度假区。度假区位于北海市南端，距北海市区不到 10 千米，由西区、东区和海域沙滩区组成。北海银滩面临浩瀚的蓝色大海，陆地面积达 22 平方千米，海滩以滩长平、沙细白、水温净、浪柔软、无鲨鱼、无污染的优质环境称奇于世。1992 年被列为国家级旅游度假区，为我国的 35 个"王牌景点"之一，享有"天下第一滩"的美誉。银滩集阳光、空气、沙滩、海水等优点于一起，夏天酷热，冬无严寒，最令人称道的是北海银滩的沙质，沙滩中二氧化硅（石英）的含量高达 98% 以上，为国内外所罕见，被专家称为"世界上难得的优良沙滩"。其沙细如粉、色泽如银，握一把在手里，如精盐一般。东西绵延 24 千米，宽 300～7000 米不等，平缓无礁，是避暑防寒、旅游度假的胜地。这里空气清新自然，负氧离子含量是内陆城市的 50～100 倍，年平均气温 22.6℃。这里的海岸太阳辐射能年平均值相当于每平方米每天获得 3.7 千瓦·时的热能，空气含有较多的碘、氯化镁、氯化钠等，很适合于日光浴，是休闲疗养的好环境。

"桂林山水"的标志象鼻山有何奇观？

象鼻山，又称象山，明代诗人孔镛写道："象鼻分明饮玉河，西风一吸水应波。青山白是饶奇骨，白日相看不厌多。"这一百看不厌的象鼻山位于桂林城南漓江和桃花江的江流汇合处。

1986 年依象鼻山开建了象山公园，园内以象鼻山为主体，栩栩如生的象山，引人入胜，被人们称为桂林山水的象征。象鼻和象腿之间有一个东西通透的圆洞，其洞长 17 米，宽 9.5 米，高 12

米，面积约150平方米。《象山记》载："有石穴一，彼此可以相望，形圆而长，其半入于漓水中，水时高时下，故其穴亦时有大小"。水月洞里江水通流，可泛小舟，在明月之夜，它的倒映则构成"水底有明月，水上明月浮。水流月不去，月去水还流"著名的"象山水月"奇观。还有仿古建筑云峰寺、爱情岛、象眼岩、明代建筑普贤塔等景观，清代工部郎中舒书在《象山记》中写道：粤之奇以山，粤西之山之奇以石，而省城相对之象，则又其奇之甚。已故国家领导人杨尚昆同志曾说："在象鼻山前要照像，才算来过桂林，这是独一无二的风景"。所以有人说，桂林之旅，从象山公园开始。

象山公园内自然山水与人文景观相辉映。象鼻山海拔约200米，高出江面55米，长108米，宽100米，山体面积13000平方米，由3.6亿年前海底沉积的纯石灰岩组成。附近有宏峰寺及寺内的太平天国革命遗址陈列馆、隋唐开元寺仅存的舍利塔。水月洞紧靠江边，漓水流贯其间，如水中浮月，山石垂入水中又如象鼻饮水漓江，景致极佳，唐宋以来即为游览胜地。

三江风雨桥何以闻名？

三江风雨桥位于广西北部与湘黔两相接的三江，是三江县侗族风情旅游的典型景区。景区连绵几千米，包括浓缩着侗族文化精华的程阳八寨，被誉为世界四大历史名桥的永济桥，都坐落在这个美丽的景区内。

侗族历史悠久，文化古朴灿烂，民族风情浓郁。侗族的寨子，别具一格，与众不同。大多数的侗寨修在河溪两旁，跨水而居，因此，凡侗族人聚居的地区，有河必有桥，桥上有廊和亭，既可行人

又可避风雨，故称风雨桥。在三江侗族自治县，仅林溪、八江、独峒三个乡就有108座。雄伟而秀丽的青山碧水间，一座座或重檐飞翘，或玲珑小巧，或古朴凝重的风雨桥飞架两岸，缩短了寨与寨的距离，又延伸了人与桥的内涵，与侗家木楼、鼓楼一道，组成了侗家独特的居住环境的交响曲。

程阳桥又叫永济桥、盘龙桥，建于1916年，架设在三江县城古宜镇以北20千米的林溪河上。是侗寨风雨桥的代表作，是目前保存最好、规模最大的风雨桥，是中国木建筑中的艺术珍品，也是侗乡人民智慧的结晶。这座横跨在林溪河上的木石结构的大桥，有5个石砌大墩，桥面架铺杉木木板，桥长64.4米，宽3.4米，高10.6米，桥的两旁镶着栏杆，好似一条长廊。桥中有5个多角塔形亭子，飞檐高翘，犹如羽翼舒展；桥的壁柱、瓦檐，雕花刻画，富丽堂皇。

世界最大的天坑群在哪儿？

乐业天坑群位于中国广西乐业县，世界上极为罕见的喀斯特溶洞群，占地约20平方千米。现已发现有大石围、白洞、风岩洞、穿洞等20多个天坑。经过初步科学考察已经认定这是目前世界上最大的天坑群。

在广西西北部与贵州交界的广袤地带，有着世界神奇的石灰岩岩溶奇观。如果在空中鸟瞰，会看到石灰岩的地表被切割成连绵不断的峰丛洼地，这是因为这里潮湿多雨的气候而形成的，就像是大海中涌动的波涛充满韵律的地貌形态，却在某些地方被一种神秘的力量击破了，石灰岩的峰丛洼地之间，出现一些巨大的地表坑陷，它们像是地球突然陷落几处，深不见

底，令人恐惧。

乐业天坑被刀削似的绝壁所环绕，形成一个巨大而倾斜的竖井。天坑的底部是一片人类从没有涉足过的极为罕见的原始森林，面积达几十平方千米，森林里有密布的溶洞群、地下河流相通，专家们认为，这里极有可能会发现一些已经被认为是绝迹的动物，如洞螈、盲鱼等。有人形容乐业天坑是远古植物的天堂和动物的王国。到天坑旅游，又叫做"地心之旅"。借助专业的器械，利用垂直探洞技术深入大石围天坑群，到达"地心"，这个地下世界其实是一个动力澎湃、充满活力的地方。

为什么有"桂林山水甲天下，阳朔山水甲桂林"的说法？

"桂林山水甲天下，阳朔堪称甲桂林"，恰当地说明了阳朔山水美不胜收的无限魅力。阳朔位于广西壮族自治区东北部，桂林市区南面，距桂林市区65千米。阳朔境内有以喀斯特地貌独有的山峰2万多座，大小河流16条，自然景点110多处，具有被称为天下四绝的"山清、水秀、峰奇、洞巧"。

漓江风景的黄金地段有60多千米在阳朔境内，两岸奇峰林立、翠竹丛丛，奇峰和翠竹倒影在澄碧江面上，形成一幅绝妙的山水画长卷。漓江的60多千米水路，酷似一条青罗带，蜿蜒于万点奇峰之间，沿江风光旖旎，碧水萦回，奇峰倒影、深潭、喷泉、飞瀑参差，构成一幅绚丽多彩的画卷，人称"百里漓江、百里画廊"，是广西东北部喀斯特地形发育最典型的地段。这里还有世界奇观的莲花岩，洞内有恰似108朵婷婷玉立的岩溶云盆；有传说中壮族歌仙刘三姐抛绣球定情的千年古榕；有国内外游客叹为观止的月洞奇观，以及

被誉为"小漓江"之称的遇龙河。除了有田园风光如诗如画般，阳朔的丰富的文化遗产、古建筑、古桥梁、名人纪念地、摩崖石刻点缀于山水之间，为山光水色又添神奇色彩。整个阳朔恰似一座瑰丽多彩的大公园。

世界第二大跨国瀑布在哪儿？

德天瀑布位于广西崇左市大新县，距中越边境 53 号碑约 50 米，离自治区首府南宁市约 208 千米。是亚洲最大的天然瀑布，也是世界第二大跨国瀑布。

德天瀑布的最奇妙之处，是归春河别出心裁地在这里将它的清流分为两股，主体瀑布宽 100 米，纵深 60 米，落差 70 米，气势磅礴，银瀑飞泻，三级跌落，它与越南的板约瀑布连为一体，就像一对亲密的姐妹，瀑布总宽 208 米。德天瀑布位于大新县归春河上游，清澈的归春河是左江的支流，也是中越边境的国界河，德天瀑布则是它流经浦汤岛时的杰作。

德天瀑布以魄力、气势和风采，使人震魂慑魄，摇动心旌。瀑布上游，河水时急时缓，时分时合，迂回曲折，于参天古木间，花草掩映，百鸟低回，江水忽遇断崖，飞泻而下，恰似一巨大银帘，高高悬挂于峡谷之上。可大自然竟然情有独钟，将山水神秀尽集于此地，形成了数百里的天然山水画廊。这里山峰奇巧，云雾飘杳，湖若明镜，江如玉带，怪石峥嵘，古木参天，步步是景，处处含情。山水画廊云集国家特级景点及一、二、三级景点 40 余个。

风景最美的岩溶山水游览区在哪里？

桂林漓江风景区是世界上规模最大、风景最美的岩溶山水游览

区，泛舟漓江置身于百里画廊，奇美的景色，千百年不知陶醉了多少文人墨客、看官游客。唐代诗人韩愈曾以"江作青罗带，山如碧玉簪"的诗句来赞美漓江。现代诗人郭沫若也以"玉带蜿蜒画卷雄，漓江秀丽复深宏"的诗句来歌颂漓江。

漓江是世界上风光最秀丽的河流之一，发源于"华南第一峰"桂北越城岭猫儿山，那是个林丰木秀、空气清新、生态环境极佳的地方。漓江上游主流称六峒河；南流至兴安县司门前附近，东纳黄柏江，西受川江，合流称溶江；由溶江镇汇灵渠水，流经灵川、桂林、阳朔，至平乐，长160千米，称漓江。桂林漓江风景区以桂林市为中心，北起兴安灵渠，南至阳朔，由漓江一水相连。漓江沿岸峰峦耸秀，碧水如镜，清山浮水，倒影翩翩，四周景色犹如百里锦绣画廊。其中以一江（漓江）、两洞（芦笛岩、七星岩）、三山（独秀峰、伏波山、叠彩山）具有"山清、水秀、洞奇"的代表性，是桂林山水的精华所在。漓江两岸的山峰伟岸挺拔，形态万千，石峰上多长有茸茸的灌木和小花，远远看去，若美女身上的衣衫。江岸的堤坝上，终年碧绿的凤尾竹，似少女的裙裾，随风摇曳，婀娜多姿。

龙脊梯田是因状如龙脊而得名的吗？

在中国南方山区处处有梯田，可是在桂林的龙胜县东南部和平乡境内，有一个规模宏大的梯田群，如链似带，从山脚盘绕到山顶，小山如螺，大山似塔，层层叠叠，高低错落。龙脊梯田山脉如龙的背脊而得名，在这里这样大规模的集中实在是罕见。它于元代起营造而成，集壮丽与秀美为一体，堪称天下一绝。

龙脊梯田山脉左边是桑江，右面是壮族和瑶族先人开凿的梯田，

就是龙脊梯田。梯田最高海拔 880 米，最低 380 米，垂直落差 500
米。梯田属于两个古老的寨子——平安寨、大寨。平安寨旁的叫龙
脊梯田，属于壮族；大寨旁的叫金坑梯田，属于红瑶族。行走在梯
田之上，感受到的不仅仅是勤劳人们的力量，还有他们的美丽和信
念。平安是龙脊景区最有名的寨子，寨子有 100 多户人家，全部是
壮族，以开垦梯田种水稻为生。几百年来平安村的先民们在金江河
畔的龙脊山坡上开垦了无数的大大小小的梯田，形成了规模宏大的
梯田群。由于特殊的地理位置，梯田小的有巴掌大，大的也不过 10
多平方米，这些数不清的梯田凝聚了无数壮族先民的血汗。大寨村
是金坑这个地方较大的寨子，由大寨、田头、壮界、新寨、小寨 5
个寨子组成。全是梯田的大山围绕着村子，被雨雾润湿的灰黑色的
吊脚楼散落在山脚的盆地中，映衬着淡淡的云雾，显出别样的美丽。
村子有 400 多人，都是红瑶族。瑶族是我国古代迁移最多的民族之
一，红瑶族是瑶族的一支，因妇女外衣花纹图案以粉红色为主而
得名。

哪座山被称为是海南岛的象征？

五指山位于海南岛中部，主峰在五指山市境内，五指山是海南
省的最高山脉，素有"海南屋脊"之称，是海南岛的象征。

五指山成锯齿状峰峦起伏，形似五指，因此而得名。五指山区
遍布热带原始森林，层层叠叠，逶迤不尽。海南主要的江河基本从
此地发源，山光水色交相辉映，构成奇特瑰丽的风光。五指山林区
是一个蕴藏着无数百年不朽良树的绿色宝库。森林中木本植物 1400
多种，有高级珍贵木材 150 多种，药用植物 1000 多种，还有名贵的
五指山野生水满茶，五指山兰花 100 多种。五指山动物种类特别多，

野生动物 524 种，占全国动物总数的 22%，许多生物物种属五指山区所独有，这里是天然的动植物园。

五指山以其独特的热带自然景观、独特的气候条件和丰富的民族风情闻名中外，是海南山地旅游的最重要景区。五指山海拔 1867 米，主体面积 211 平方千米，是海南岛之"肺"，是全球保存最完好的三块热带雨林（另两个是亚马逊河流域、印尼的热带雨林）。五指山被国际旅游组织列为 A 级旅游景区，这里不仅自然风光优美，而且还极具有神秘色彩的热带雨林奇观。堪称"中国第一漂"的五指山大峡谷漂流是五指山最具特色的旅游项目。既有惊险刺激的急流险滩，又有舒缓悠静的平缓水区，水中有盆景、岸边有森林，是全国唯一可四季漂流的峡谷漂流点，国家旅游局专家考察后认为这里是国内漂流探险品味最高的地方。

"海南第一楼"在哪里？

在海口市与琼山市接壤处的五公祠，被誉为"海南第一楼"。公元 1097 年，自北宋大文豪苏东坡在此指导人民开双泉，这里便成为崇拜先贤、教育后人的地方。它高 9 米，分上下两层，四角攒尖式的屋顶，盖着红椽绿瓦，与周围的烂漫红花相辉映，环境显得格外幽雅迷人。五公祠始建于明代万历年间，当地人为纪念唐宋两代以来被贬职到海南的五位名臣：李德裕、李纲、赵鼎、李光、胡铨。

在五公祠内五位名臣的石雕至今栩栩如生，锁眉凝神，满面思绪。五公祠的旁边还有学圃堂、五公精舍、观稼堂、苏公祠、拱桥、荷池、风亭、琼园等古建筑群落，组成了以五公祠为中心的风景名胜区。清光绪十五年（1889 年）重修。新中国成立后又经多次修整。"海南第一楼"横匾，字大一尺三寸（1 米 = 3 尺，1 尺 = 10

寸），赫然醒目。五公祠左边是观稼堂，观稼指观赏"粟井浮金"、"金穗千亩"的景色，观稼堂取此名为纪念苏东坡。五公祠内有一个湖，湖中有岛，古色古香的楼、阁、亭、榭与微波荡漾的湖水交相辉映，别有洞天。祠里四处古木参天，绿树成荫，繁花似锦，自古被誉为"琼台胜景"。

五公祠游览区内常年展出许多珍贵文物，其中宋徽宗赵佶手书《神霄玉清万寿宫诏》最为有名，其瘦金体书法刚劲清秀，对研究书法有重要价值。此外还有著名清官海瑞的古唐诗书法，也很受人喜爱。

被誉为"天下第一湾"的是哪里？

亚龙湾位于我国最南端的热带滨海旅游城市三亚，距市中心约25千米处。亚龙湾海滩全长约7.5千米，长度约是美国夏威夷的3倍。是海南名景之一。年平均气温25.5℃千米，海水温度22℃～25.1℃千米，终年可游泳，被誉为"天下第一湾"。

亚龙湾气候温和，冬能避寒、夏能消暑，自然风光绮丽，连绵起伏的青山、千姿百态的岩石、波平浪静的海湾、湛蓝的海水清澈如镜、柔软的沙滩洁白如银。亚龙湾属典型的热带海洋性气候，全年平均气温25.5℃。这里的沙滩沙子绵软细腻，海湾面积66平方千米，可同时容纳10万人嬉水畅游、数千只游艇游弋追逐，可以说这里不仅是滨海浴场，而且也是难得的潜水胜地。亚龙湾周边的海水能见度10米以上，海底珊瑚礁保存十分完好，生活着众多形态各异、色彩缤纷的热带鱼种，属国家级珊瑚礁重点保护区。还有锦母角、亚龙角，激浪拍崖、怪石嶙峋，是攀崖探险活动的良好场所。此外尚有奇石、怪滩、田园风光等构成各具特色的风景。

亚龙湾度假区规划面积达 18.6 平方千米，集滨海公园、豪华别墅、会议中心、高级宾馆、度假村、海底观光世界、海上运动中心、高尔夫球场、游艇俱乐部等国际一流水准于一体的旅游度假区。如今，亚龙湾已经是国内外知名的旅游品牌，这里如诗如画的海滩风光、舒适而完善的旅游度假设施和旅游项目已成为旅游者向往的度假天堂。

"博鳌亚洲论坛"永久性会址在哪儿？

博鳌亚洲论坛是一个非政府、非营利的国际组织，目前已成为亚洲以及其他大洲有关国家政府、工商界和学术界领袖就亚洲以及全球重要事务进行对话的高层次平台。论坛的永久性会址位于中国海南琼海市博鳌镇博鳌水城，濒临南海，是著名的万泉河入海口所在地。

距海口美兰机场约 100 千米的博鳌水城，规划面积 40 多平方千米，其中水域面积 8.5 平方千米。东屿岛是万泉河入海口三座岛屿中最大的一个岛，岛的面积为 1.72 平方千米，岛上有红树林、椰林、槟榔、野菠萝等热带植物，地形平缓，植被繁盛，环境幽雅，水田纵横，石路蜿蜒，民居古朴，自然景观和人文景观保存良好。

博鳌水城是景色迷人的度假胜地，也是饱览山光水色，进行水上运动及潜水旅游的理想之地。这里集江、河、湖、海、山麓、岛屿于一体，融椰林、沙滩、奇石、温泉、田园等风光于一身。东部的一条狭长的沙洲"玉带滩"把万泉河水与海水分开，形成了一半是烟波浩瀚的南海，一半是平静如镜的万泉河；这里有保存完美的沙美内海，周边是景色秀丽的山岭、河滩和田园；有万泉河、九曲江、龙滚河、东屿岛、沙坡岛、鸳鸯岛三江三岛融会怀拥于此。博

鳌水城独特的自然资源、精心的规划以及高水准的开发建设，成为海南省政府重点开发的旅游项目、1998 年 7 月国家旅游局"中国 43 个优先发展的旅游项目"之一。如今，博鳌水城是一个集国际会议中心、海滨温泉度假中心和高尔夫休闲康乐中心于一体的国际性旅游度假胜地。

西 南 地 区 篇

山城重庆的最高点是哪座山?

阴条岭自然保护区是神农架原始森林的余脉,位于大巴山深处,平均海拔1900米。主峰阴条岭海拔2796.8米,是重庆市最高点,被称为"重庆第一峰"。

阴条岭自然保护区面积约80平方千米,其中原始森林约58平方千米。保护区物种保存繁多,是难得的"天然物种基因库"。植物种类达1500多种,有多种具有代表性的生态系统,且含有大量珍稀濒危物种,常见有银杏、珙桐、蜡梅、崖柏、红豆杉等15种国家一级保护植物。"头顶一颗珠"、"七叶一枝花"、"文王一支笔"、"江边一碗水"等奇花异草随处可见。阴条岭的动物资源也相当丰富,这里有300多种国家重点保护动物,如金雕、白狐、白熊、金钱豹、小熊猫等的珍禽异兽经常出没林间。原始森林林区内一片茫茫林海,无边无际。打虎坪、公母泉、万蛇山、丢命坨、舍命滩、阎王鼻子、鬼门关等著名景点,游览后都令人心惊胆战,乐趣无穷。这里更有"野人"之谜、兰英寨等让人心驰神往,阴条岭是重庆市内森林旅游、科考探险旅游的最佳目的地,被称为"三峡第一园"。

"中国石刻之乡"指的是哪个地方?

有"中国石刻之乡"之称的大足,位于重庆市大足县境内,是中国晚期石窟艺术中的优秀代表。

大足的石刻以多、大、全而闻明于世,它起始于晚唐,历经五代而盛于两宋,石窟多达76处,共有造像6万余躯,石刻铭文10万余字,总称大足石刻。其中,尤以北山摩崖石刻和宝顶山摩崖石刻最集中。

北山石刻位于大足县城西北约 2 千米处。龛窟密如蜂房分为南北两段，其中造像共 290 龛窟，以心神车窟，窟正中之蟠龙"心神车"最为著名，造型奇伟，形神兼具。其间净宝瓶观音、多罗、文殊、玉印观音、如意珠观音、普贤、日月观音、数珠手观音等，雕刻对称，严谨有序，浑然一体。此间石刻的精华八躯菩萨像，丰腴圆润，典雅大方。北宋著名书家蔡京所书《赵懿简公神道碑》，碑高 3.7 米，宽 1.37 米，书法艺术价值较高。

宝顶山是一个风景优美的地方，但这里最著名的还是宝顶山摩崖造像，这些造像包括以圣寿寺为中心的大佛湾、小佛湾造像，是一座造像近万尊的大型佛教密宗道场。摩崖造像规模居全国之首，既有田园诗式的"牧牛图"，又有秀美脱俗的"吹笛女"；既有庄严浩大的释迦佛祖，又有气势磅礴，素有"上朝峨嵋，下朝宝顶"之说。更有集采光、排水、支撑、透视、美学等原理于一体的圆觉洞和华严三圣等。壁间刻楼台亭阁，人物鸟兽，花草树木，幽泉怪石，近似写实作品，是大佛湾雕刻的精华。

重庆的"小三峡"在哪里？

被人称为"不是三峡，胜似三峡"、"神矣绝矣，叹为观止矣"的巫山小三峡，位于大宁河风景区内。

大宁河景区以景点密集、可游性强和自然、人文、民俗的和谐统一著称，堪称"百里画廊"，有"天下第一溪"的美称。景区以秀水、幽峡、奇峰、怪石、巧洞的自然风景美，制盐、悬棺、栈道、古镇、蔡伦式造纸的人文古朴美和古风浓郁的巫巴民俗风情美备受游客青睐，是新三峡旅游的重点景区和奉节—巫溪—巫山"金三角"旅游区的龙头景区。

巫山小三峡由龙门峡、巴雾峡、滴翠峡组成，全长约50千米。龙门峡，又名罗门峡，全长约3000米，是大宁河的第一峡。它两山对峙，形若似门，山势雄伟，大有高峡紧锁宁河水之势。龙门峡口上空，飞架着我国第一座无平衡重转体跨度122米的箱形拱大桥。巴雾峡是小三峡的第二峡，从东平坝起至大平滩，全长约10千米，因峡中支流巴雾河而得名。峡内奇峰突起，怪石嶙峋，碧流静淌。钟乳石造型生动，是峡中天然雕塑珍品；滴翠峡是小三峡的第三峡，长约20千米，是小三峡中最长，也是最秀丽的一个峡。两岸奇峰奇峻绝峭，翠竹繁茂，古木森森。林间岩上，时有瀑布泻下，飞珠溅玉，真是无处不滴翠。加上鸳鸯戏于舟旁，猿声鸣于山间，更添幽静。

哪里被誉为"东方瑞士"？

仙女山国家森林公园以其江南独特的高山草原，南国罕见的林海雪原，清幽秀美的丛林碧野和美丽动人的仙女传说形成独具特色的旅游魅力，被誉为"东方瑞士"。

仙女山国家森林公园距重庆市区约180千米，地属武陵山脉，位于武隆县境内乌江北岸，占地约100平方千米，海拔平均高度约1900米，年平均气温20℃。公园内的林海、奇峰、草场、雪原为四绝。冬季白雪皑皑，大草原滑雪、赏雪兴趣盎然；夏季茫茫林海，凉风吹拂；通天塔观日出、云海、仙女池垂钓，巴人村探幽，菩萨坨拜佛；辽阔草原，牛羊成群，享有"南国第一草原"之美誉。负离子被誉为空气维生素，是人类生活环境中不可缺少的重要因素，被人体吸收后进入人体，可促进人体循环，改善心肺功能、消除身体疲劳，在仙女山上43万亩森林草

原中，负离子含量极高。近年来，重庆仙女山国家森林公园不断拓展资源，经过深度开发和大力打造，仙女山成为西部最佳旅游观光和休闲度假区，在旅游界树立了良好的品牌和口碑，获得了"山城夏宫"、"南国第一牧场"等美誉，被评为"重庆十佳旅游景点"、"特色旅游胜地"。

"大熊猫的故乡"在哪里？

大家都知道，四川是大熊猫的故乡，但更具体的位置应该是四川汶川县境内巴朗山脚下的卧龙自然保护区，这里距成都西北130多千米，区内共分布着100多只大熊猫，约占全国总数的10%，被人称为是"大熊猫的故乡"。

卧龙自然保护区不仅是"熊猫的故乡"，同时也是一处景色幽美的风景名胜区。卧龙自然保护区始建于1963年，保护区东西长52千米，南北宽62千米。是中国最早建立的综合性国家级保护区之一，是国家和四川省命名的"科普教育基地"、"爱国主义教育基地"。卧龙自然保护区以"熊猫之乡"、"宝贵的生物基因库"、"天然动植物园"享誉中外，这里的动物除大熊猫、金丝猴等珍贵动物外，还有猕猴、雪豹、水鹿、灵猫、牛羚、猞猁、金雕、白马鸡等飞禽走兽。

此外，保护区地理条件也相当独特，地貌类型复杂，风景秀丽、景型多样、气候宜人，区内山峰纵横，狭谷深邃。尤其是有名的四姑娘山、巴朗山、英雄沟、银厂沟、五一棚奇特的地形地貌，构成了众多的绝妙景观。原始、自然、粗犷、古朴，没有任何人工修饰，是卧龙旅游区的基本特色。卧龙集山、水、林、洞、险、峻、奇、秀于一体，还有浓郁的藏族和羌族民族文化。

稻城亚丁为什么被誉为"最后的香格里拉"？

稻城亚丁自然保护区位于四川西南边缘，甘孜藏族自治州南部。亚丁自然保护区以其独特的原始生态环境，雄、奇、绣、美的高品位自然风光而闻名中外，被誉为"最后的香格里拉"。

稻城，在古代名叫"稻坝"，藏语意为峪沟口宽阔之地。最高海拔约6032米，最低海拔约2000米，县城海拔3750米，为藏族聚居地，此外有汉族、纳西族、回族等。稻城高原由横断山系的贡嘎雪山和海子山组成。北部高原包括海子山自然保护区、稻城河。海子山海拔3600～5020米，高差约1420米。丘状、冰蚀岩盆和断陷盆地遍布于高原上，是中国最大的古冰体遗迹，即"稻城古冰帽"。

海子山草原辽阔，冰蚀地形十分发育，冰蚀岩盆随处可见，共有海子（高山湖泊）约1145个，规模和数量都是我国独一无二的。海子山怪石林立，大小海子星罗棋布，自然景色绚丽磅礴。此处不像高原其他雪峰那样呈水平排列，晶莹的雪峰环绕宽阔的草场，纵横交错的溪流，色彩斑斓的海子及五彩缤纷的森林、灌丛以及夏日冰雪消融在雪线下形成的瀑布，交相辉映，十分美丽壮观。由于神秘厚重的宗教历史文化，使其成为藏区信教群众朝拜的佛教圣地。

美女峰国家森林公园有什么景观？

美女峰国家森林公园位于四川省乐山市沙湾区（沙湾镇）城郊。系峨眉山脉第三峰，海拔2027米，形似美女仰卧，因轮廓优美被郭沫若誉为"怀胎睡美人"。公园集"山、石、峰、洞、泉"于一体，兼具位高、险峻、秀丽等特点的岩溶景观，是川西南独具魅力的天然公园。

美女峰国家森林公园森林面积为200余平方千米，森林覆盖率达90%以上，属典型的中亚热带湿润山地常绿阔叶林，植物种类繁多。100平方千米人工常绿林与天然次生林相映生辉。公园内有84种野生动物，其中属国家重点保护的野生动物有猕猴、白鹭等8种。景区的石林最为著名，海拔800～1337米，石峰林立，造型出奇，形态逼真，神韵生动。石林附近有黄楠坪溶洞，石笋沟笋林，野猪林等天然奇观，集"奇、真、巧、野"于一身。公园内断层纵横，形成了壮观的深涧峡谷，峡谷总长度8000米。谷内植被茂盛，风光旖旎，两边均为险峰峭壁，谷底怪石嶙峋，潭瀑相连。各类溪流、飞瀑分布于整个园区，10多处瀑布构成生态水景景观。公园内的云海、佛光、日出、日落，还有山岚、晨雾、雪景，分外妖娆。

"山是一尊佛，佛是一座山"指的是哪座山？

乐山有一座大佛，是一尊弥勒座像，雍容大度，气魄雄伟。大佛依山开凿，通高71米，脚背宽8.5米，被诗人誉为"山是一尊佛，佛是一座山"，为当今世界第一大佛，是唐代开元名僧海通和尚创建，历时90年完成。

乐山大佛位于乐山市郊，岷江、青衣江、大渡河三江汇流处，与乐山城隔江相望。大佛的头与山齐平，足踏江岸，双手抚膝，大佛体态匀称，神势肃穆，依山凿成，临江危坐。大佛通高71米，头高14.7米，头宽10米，发髻1021个，耳长7米，鼻长5.6米，眉长5.6米，嘴巴和眼长3.3米，颈高3米，肩宽24米，手指长8.3米，从膝盖到脚背28米，脚背宽8.5米，脚面可围坐百人以上。乐山大佛景区由凌云山、麻浩岩墓、乌尤山、巨形卧佛等组成，游览面积约8平方千米。

乐山风景名胜区以乐山大佛世界自然与文化遗产为主体，其中还有仁寿黑龙潭、彭山仙女山风景区、峨边黑竹沟、洪雅瓦屋山国家森林公园及眉山"三苏祠"等旅游景观，景区集聚了乐山山水人文景观的精华，形成一个旅游点较为集中的旅游区，属峨眉山国家级风景区范围，是闻名遐迩的风景旅游胜地。

被称为"世界三大恐龙博物馆"之一的是哪里？

自贡恐龙博物馆位于有"盐都"之称的自贡市。自贡恐龙博物馆是我国继西安半坡博物馆、秦始皇兵马俑博物馆之后修建的第三大专业性博物馆，与美国国立恐龙公园、加拿大恐龙公园齐名，合称为"世界三大恐龙博物馆"。

自贡恐龙博物馆于 1984 初开始筹建，于 1987 年春节建成并正式对外开放。整个博物馆占地面积约 6.6 万平方米，馆藏化石标本几乎包括了距今 2.05 亿~1.35 亿年前侏罗纪时期所有人类已知的恐龙种类，是目前世界上收集和展示侏罗纪恐龙化石最多的博物馆。被外界评价为"世界上最好的恐龙博物馆"。

从 1989 年开始，自贡恐龙相继在美国、日本、丹麦、南非、澳大利亚、新西兰等国展出 14 次，出展城市 23 座，观众累计超过 1000 万人次。被外国友人誉为"1.6 亿年前的友好使者"。随着恐龙博物馆的声名远播，无数中外游客的慕名而来，受到国内外观众的极大兴趣和赞誉。数十位中央领导也曾来此视察，许多中外著名专家、社会名流专程前来考察交流。

都江堰是一座怎样的水利工程？

都江堰是世界文化遗产。都江堰位于四川成都平原西部的岷江

上，距成都约 56 千米，建于公元三世纪，是一座大型水利工程，战国时期，秦国蜀郡太守李冰及其子率众修建的，是我国现存的最古老而且依旧在灌溉田畴、造福人民的伟大水利工程。

都江堰由鱼嘴、飞沙、宝瓶口三部分组成。鱼嘴是修建在江心的分水堤坝，把汹涌的岷江分隔成外江和内江，外江排洪，内江引水灌溉。飞沙堰起泄洪、排沙和调节水量的作用。宝瓶口控制进水流量，因口的形状如瓶颈故称宝瓶口。内江水经过宝瓶口流入川西平原灌溉农田。都江堰一带有不少名胜古迹。

二王庙原名"崇德祠"，因李冰治水有功，人们为了纪念他而建祠。宋、元两代，李冰父子先后敕封为王，故将崇德祠改为二王庙。从此，蜀人敬李冰如神明。二王庙几经摧毁，几度重修。新建的李冰纪念馆，主要是展示李冰作为杰出的水利工程专家、地方父母官的生平事迹和都江堰水利工程的古今概貌。庙前横跨内外二江的安澜索桥被誉为我国古代五大桥梁；蹬庙后在新建的观景楼上，古堰雄姿尽收眼底。二王庙建筑群分布在都江堰渠首东岸，规模宏大，布局严谨，地极清幽。是庙宇和园林相结合的著名景区。

黄果树瀑布为什么有"天下奇景"之称？

黄果树瀑布风景区以黄果树大瀑布为中心，有石头寨景区、天星桥景区、滴水滩瀑布景区、霸陵河峡谷三国古驿道景区、陡坡塘景区、郎宫景区等几大独立景区。这些景区以黄果树瀑布为中心，以瀑布、溶洞、地下湖为主体，素有"天下奇景"之称。

黄果树瀑布风景区位于贵州省镇宁、关岭两县境内北盘江支流、打帮河上游的白水河和坝陵河上。距省会贵阳市 128 千米，距西部旅游中心城市安顺市区 45 千米。

黄果树瀑布原名白水河瀑布，因右侧有一株黄桷树，以当地谐音故名。黄果树瀑布现已发现较大的地表瀑布 18 个，地下瀑布 4 个。大瀑布上游有极具地域特色的布依族石头寨、陡坡塘瀑布、红岩碑和红岩古榕等景观。黄果树瀑布落差 74 米，宽 81 米，河水从断崖顶端凌空飞奔而下，倾入崖底的犀牛潭中，气势惊人，翻江倒海。水石相激，发出震天巨响，腾起一片烟雾，迷蒙细雾在阳光照射下，又化作一道道彩虹，幻景绰绰，奇妙无穷。瀑行后的水帘洞相当绝妙，134 米长的洞内有 6 个洞窗，5 个洞厅，3 个洞泉和 1 个洞内瀑布。游人穿行于洞中，可在洞窗内近距离接触到飞流直下的瀑布；日薄西山，凭窗眺望，犀牛潭里彩虹缭绕，云蒸霞蔚，苍山顶上绯红一片，迷离变幻，这便是著名的"水帘洞内观日落"。

哪座山被称为"黔南第一山"？

贵阳市城西北的黔灵山，就座落在市内，是贵阳城市旅游的必经之地，黔灵山有"黔南第一山"之称。

黔灵山面积约 300 多万平方米，主要由象五岭、檀山、百象山、大罗岭等群山连接而成。这里古树参天，山冈绵延，资源丰富。山中有高等植物 1500 余种，名贵药材多达 1000 种，常见鸟类 50 多种以及 400 余只成群栖息的猕猴。这么多的野生猕猴聚居地在国内罕见。

黔灵山著名景点有弘福寺、响石洞、麒麟洞、一笔虎、洗钵池等。弘福寺是全国重点开放寺庙之一。传说在清康熙年间，临济宗三十三世传人赤松和尚云游到此，把一棵松树倒栽在山中，后来，这棵松树竟奇迹般成活了，于是后人在康熙十一年（1672 年）在栽树处修建弘福寺，并把此山命名为黔灵山。弘福寺主要建筑有大佛

殿、天王殿、观音殿、关帝祠、德楼及法堂。寺内祭祀释迦牟尼、观音大士、弥勒、毗卢和关羽。毗卢龛旁有一尊韦驮像，中殿大门左右各有一尊金刚，前殿置有天王。1957年在此建黔灵公园，占地约426万平方米，成为国内少有的城区大型公园。如登上山顶"瞰筑亭"，贵阳市全景尽收眼底。

"红枫四绝"是指哪"四绝"？

"红枫四绝"是贵州一大风景名胜，它们因红枫湖而得名。红枫湖分北湖、南湖、中湖、后湖四个区域，四个湖区各具特色：北湖的岛、南湖的洞、中湖的水、后湖的湾并称"红枫四绝"，使红枫湖水面开阔而不单调，湖湾狭窄而不俗气。

红枫湖国家重点风景名胜区，位于贵州清镇市城区以西，距贵阳市约32千米，红枫湖横跨清镇、平坝两市县，风景区总面积达200平方千米，水域面积约57.2平方千米。此区原是猫跳河、羊昌河及其支流流经的岩溶丘陵洼地。后来因修建水电站，大坝拦腰截断猫跳河，蓄起了一个人工湖，湖岸多枫香树，深秋枫叶红似火，而得名"红枫湖"。红枫湖上有大大小小178个岛屿，这些岛屿有的似巨礁，有的像屏障，有的如浅渚。湖中有山，山中有洞，登高远望，只见湖面上星星点点，浩浩渺渺，美不胜收。更有侗寨、鼓楼、风雨桥、苗族吊脚楼、布依寨石板房等新景点点缀其中，给本来优美的红枫湖又添了几分秀色。

"遵义会议"旧址位于哪个森林公园？

闻名于世的"遵义会议"会址坐落在遵义市凤凰山森林公园的崇山峻岭之中。

这个公园位于遵义市城区中心，在白石镇西南两千米，属中雁荡山的外围景区，被誉为"绿色明珠"。凤凰山于两山之间，势若凤凰展开的双翅，境内岩峦重叠，林壑秀美，以峰岩为主的各种景点多达数十处。凤凰山绿水环绕，平畴远铺；山上曲径通幽，花香鸟语；林间古寺隐约，云烟飘忽，兼得田园和山林趣味。园内游道纵横交错，人行其间，怡然自得，如进入翡翠的海洋，沐浴在绿色之中，绿色明珠名副其实。

遵义会议会址坐落在凤凰山景区的琵琶桥附近，建于20世纪30年代初，是一座砖木结构、中西合璧的两层楼房，毛泽东亲笔题写的"遵义会议会址"六个大字，高悬于会址的大门正中，苍劲有力，金碧辉煌。这里原系国民党二十五军第二师师长柏辉章的私邸，是当时遵义城里首屈一指的宏伟建筑，高墙垂门，巍巍峨峨。1935年1月初，红军长征到达遵义后，这里成为红军总司令部驻地，1月15～17日，著名的遵义会议（即中共中央政治局扩大会议）就在主楼楼上原房主的小客厅举行。整个会议室呈长方形，面积27平方米，室内陈设基本上保留了当年开会时的原貌。

梵净山为什么被称为"天下众名岳之宗"?

梵净山是一座充满神秘色彩而又雄奇伟岸的山峰，又是一座富有宗教色彩的神圣山峰，因其坐落在云贵高原之上，比"五岳"中最高的海拔约为1990米的华山还高几百米，因而它有"天下众名岳之宗"的美称。

梵净山位于与印江、江口、松桃三县交界处的黔东北边陲，横亘楚蜀大地、绵延数百千米的武陵山脉，在贵州省铜仁地区。

梵净山是武陵山脉的主峰，国家级自然保护区，联合国"人与

生物圈保护区网"成员，这里总面积567平方千米。梵净山植物类型多样，也是动物赖以生存的栖息地。

梵净山作为著名的古佛道场，早就声名远播。在梵净山的滴水岩附近，有一块奉万历皇帝的诏令而专门竖立的石碑。大自然造就了梵净山的奇异风光，而佛教徒则扬名了梵净山的灵山秀水。全境山势雄伟，层峦叠嶂，坡陡谷深，群峰高耸，溪流纵横，飞瀑悬泻，古老地质形成的特殊地质结构，塑造了它千姿百态、峥嵘奇伟的山岳地貌景观。满山的植被茂密、翠绿，繁花争奇斗艳，鸟兽和鸣，俨然一幅天然的画卷。还有那云、雾、风，波谲云诡，也给梵净山增添了不少的神秘色彩。置身此山中，恍若仙山游。

哪座楼是贵阳市的标志性建筑？

著名古楼阁甲秀楼是贵阳市的标志性建筑。

甲秀楼位于贵阳市滨河路与西湖路交叉处，南明河中的巨石万鳌头石矶之上（这块石头酷似传说中的巨鳌），原与涵碧潭、浮玉桥、芳杜洲、翠微阁、观音寺、武侯祠、海潮寺合成一组瑰丽的风景建筑群，旧有"小西湖八景"之称。

甲秀楼始建于明万历二十六年（1598年），为贵州巡抚江东之所建，取名"甲秀楼"，意为"科甲挺秀"、人才辈出之意。甲秀楼内，古代真迹石刻、木皿、名家书画作品收藏甚多，其中清代贵阳翰林刘玉山所撰长联，比"号称天下第一长联"的昆明大观楼长联还多26个字，洋洋洒洒206字入联，长短相见，妙语连珠。楼高约20米，为三层三檐攒尖顶，这种构造在中国古建筑史上都是独一无二的。画甍翘檐，红棂雕窗，白石巨柱托檐，雕花石栏相护，华丽宏伟。12根石柱托檐，护以白色雕塑花石栏杆，翘然挺立，烟窗水

屿，如在画中。登楼远眺，整个贵阳市景致，历历在目。楼下浮玉拱桥飞架南北，桥下有涵碧潭，楼亭潭影，交相辉映。入夜，华灯齐明，楼桥亭台映现其中，恍若仙境。

为什么剑河温泉被誉为"苗乡圣水"？

剑河温泉水性温热，水温常年保持在38℃～50℃之间，日流量864吨，水质清澈，春冬不变，四季不涸。据贵州省环境保护科学研究所检测，这种既含氡气又含硫化氢的温泉，目前在国内尚未发现第二处。剑河温泉自古享有"苗乡圣水"之美誉。

剑河温泉位于黔东南苗族侗族自治州剑河县岑松镇温泉村境内，距离贵阳市267千米。经科学勘查，剑河温泉水富含氡、硫、铁、钾、钙等元素，对人体有显著的保健治疗作用，经常洗浴可治疗和预防多种疑难病症。剑河温泉有四个露天游泳池，还建有一栋内设桑拿浴、美容厅的健身房。不过不远的地方依旧有一片当地苗民享受的露天浴池，至今还保持着原始古朴的裸浴习惯。

如今，剑河已建成集"洗、疗、会、食、宿"为一体的旅游区，是游客休闲疗养、民族风情体验的理想场所。景区内有平塘坡万米溶洞、位居世界第三的八郎古生物化石群、文化部命名的民间画乡、苗族建筑的自然博物馆——下岩寨、十里平潭、獭猫摩崖、坛潭、雾星茫瀑布等景点。

哪里被称为"高原明珠"？

被誉为"高原明珠"的滇池位于昆明市南的西山脚下，是我国第六大内陆淡水湖。

滇池其北端紧邻昆明市大观公园，南端至晋宁县内，距市区约5

千米，自古以来都是度假观光和避暑的胜地。滇池海拔 1886 米，周围有大小数十个山峰，山环水抱，天光云影，构成一幅美丽的天然画卷。

滇池古名滇南泽，又名昆明湖。元朝以前，昆明湖面积比现在要大得多，那时昆明城的大半还淹没在水中。滇池东南北三面有盘龙江等 20 余条河流汇入，湖水由西面海口流出，经普渡河而入金沙江。昆明湖形似弦月，南北长约 39 千米，东西宽 13.5 千米，湖面面积约 300 平方千米，居云南省首位。湖水最大深度 8 米，平均深度 5 米，蓄水量 15.7 亿立方米，素称"五百里滇池"。滇池水域，群山环抱，河流纵横，良田万顷，人称"高原江南"。滇池周围风景名胜众多，与西山森林公园、大观公园等隔水相望，云南民族村、国家体育训练基地、云南民族博物馆等既相联成片又相对独立，还有渔村和风帆点缀的观音山风景区，有绵亘数里、水净沙明的海埂湖滨浴场和秀美隽逸的大观楼公园等等。滇池已是全国首批批准建立的 12 个国家级旅游度假区之一，也是唯一设在内陆省的国家级度假区。

滇池是昆明风景名胜的中心，游客既可乘船环湖游览观赏湖光山色，又能上岸一览郑和故里、观音山等风景名胜。

在香格里拉海拔最高的湖泊是什么湖？

香格里拉藏语意为"心中的日月"，作为香格里拉的重要组成部分——碧塔海，湖面海拔 3538 米，是云南省海拔最高的湖泊，被誉为高原上"蓝色的湖泊"。

碧塔海位于香格里拉县城以东 35 千米处。保护区以碧塔海为中心，总面积约 840 平方千米。碧塔海长约 3 千米，宽约 1 千米。藏

语称碧塔海为"碧塔德错"。"碧塔"意为牛毛毯，"德"为魔，"错"为海。碧塔海的周边都是原始森林，有金钱豹、红脚鸡、白鹇、小熊猫、马鹿、猕猴、云豹、猞猁等许多珍惜动物。

碧塔海湖中中心有一座孤岛，可乘船至岛上，小岛路径幽幽，玉树芳草，鸟语花香，一片天籁之音，犹如与世隔绝。湖的四周开满了杜鹃，在春夏之际，杜鹃花竞相开放，如一美丽的花环镶嵌在岛上。当杜鹃花谢入湖中，湖中的游鱼食后醉昏，翻着白肚皮漂浮在水面，游人可不劳而获。这就是著名的"杜鹃醉鱼"奇景。湖水由四周山上流下的绢绢细流汇成，水清如镜，恬静安谧。春夏之季，奇花芳草争奇斗艳，隆冬时节，一片金黄，牛马羊群，相戏其间，风吹草低，一片藏地风格。

西双版纳有哪些著名的景点？

西双版纳著名景点有：景洪、曼飞龙佛塔、澜沧江畔、曼阁佛寺、曼景兰旅游村、依澜度假村、民族风情园、猛仑植物园、野象谷、热带作物研究所、傣族风味菜、傣族园、景洪原始森林公园、红旗水库、打洛原始森林公园、植物奇观、动物奇观、热带雨林、傣族泼水节等。

云南省的最南端的西双版纳傣族自治州，地处北回归线以南，亚洲大陆向东南亚半岛的过渡地带。与缅甸接壤，东南与老挝毗邻，面积约 2 万平方千米。首府景洪，是傣语的音译，意思是"黎明之城"，曾是古代"景陇王国"所在地。

西双版纳因为漫山遍野的绿色，四季花开，气候温和，没有严寒，而被誉为"没有冬天的乐土"。在这片肥沃富饶的土地上，西双版纳的动物种类占全国 1/4，植物种类占全国的 1/6，

堪称"植物王国"和"动物王国"。西双版纳是国家44处重点风景名胜区之一，有300万亩的自然保护区。古老的大榕树除了主干以外，还从枝干上生出许许多多的支柱根来，支柱根插入土里，又成了另一棵树，每根支柱又称抽枝长，形成一棵棵新的榕树，这就是热带雨林有独树成林的奇观。这里还有难得的可以方便观赏到野象的地方，叫野象谷。在茂密的原始森林里，珍稀动物、鸟类在这片相对安全的土地上生息和繁衍。景区已知陆栖脊椎动物有539种，占全国同类动物总数的1/4，其中，绿孔雀、长臂猿等尤为珍贵。

"天下第一峡"是什么峡？

虎跳峡是世界上最著名峡谷之一，被人称为"天下第一峡"。

虎跳峡位于金沙江上游，距丽江纳西族自治县县城60千米处，全长17千米，迂回线长约20千米，虎跳峡以"险"著称。山险，峡谷两岸，高山耸峙。东有玉龙山，终年披云戴雪，银峰插天，主峰海拔高达5596米，山腰怪石嶙峋，古藤盘结，高山耸峙，谷坡陡峭，虎啸猿啼；西有哈巴雪山，高出江面3000米以上。峥嵘突兀，山腰间有台地，山脚为陡峻悬崖，几乎垂直于江面。水险：整个虎跳峡分上虎跳、中虎跳、下虎跳三段。共有险滩18处。江面最窄处只有30余米。从上虎跳到下虎跳，落差213米，江流湍急，流速达6～8米/秒，因江水瞬息万变，旋涡漫卷，狂涛汹涌，飞瀑轰鸣，于是就形成了"一线天盖一线江，万仞绝壁万马奔"的气势。

虎跳峡谷之深，两山之近，位居世界前列。虽然艰险会给旅游带来不便，但这个"险"中却蕴藏着一种神秘的吸引力，有令人跃跃欲试的壮美风光，如今，还是吸引了大量国内外游客到此寻幽

探险。

世界上规模最大的世博园在哪里？

昆明世界园艺博览园（简称世博园）位于昆明市东北郊的金殿风景名胜区，距昆明市区不到 5 千米。作为世界上唯一完整保留的世博会会址，世博园凭借全世界规模最大、最具原创性的园林园艺大观园独有的历史文化和景观价值，已经成为具有世界性、民族性、园艺性、高品位性、唯一性、不可模仿性、价值可持续性的会址文化遗产。

昆明世界园艺博览园是 1999 年昆明世界园艺博览会会址。世博园占地面积约 218 万平方米，博览园主要由迎宾广场、世纪广场、华夏广场、艺术广场四大广场，中国馆、人与自然馆、大温室、科技馆、国际馆 5 个室内展馆和树木园、茶园、盆景园、蔬菜瓜果园、药草园、竹园 6 个专题展园，以及 34 个国内室外展区和 33 个国家和国际组织的室外展区组成。游程全长约 10 千米，游览时间为四五个小时。园区整体规划依山就势、错落有致，气势恢弘，集全国各省、区、市地方特色和 95 个国家风格迥异的园林园艺精品，庭院建筑和科技成就于一园，体现了"人与自然，和谐发展"的时代主题，是一个具有"云南特色、中国气派、世界一流"的园林园艺精品大观园。是一个汇集了全世界园艺风景的超大型博览场所。

世界上最高的咸水湖是哪个湖？

纳木错又称腾格里海，位于青藏高原，西藏市当雄县和那曲地区班戈县之间。面积 1940 平方千米，海拔 4718 米，是世界最高的

咸水湖。

藏族人民、蒙古族人民称纳木错为"天湖"、"天海"。纳木错湖是由周围高山的雪水汇集而成的。湖泊周围常有狗熊、野牦牛、野驴、岩羊、狐狸、獐子、旱獭等野生动物栖居，湖区还产虫草、贝母、雪莲等名贵药材。湖的阳坡生长着3米多高的柏树林，湖边牧草丰美，可四季放牧。湖水清澈，盛产细鳞鱼、无鳞鱼、蚌等高原水生物。有些千年的老鱼体大如牛，马熊也能吞入腹中，相传湖中还有成群的龙和湖羊。湖中心散布着5座岛屿，岛上有许多岩洞，有的洞口呈圆形而洞浅短，有的溶洞狭长似地道，有的岩洞上面塌陷形成自然的天窗，有的洞里布满了瘤钟乳石。岛上怪石嶙峋，峰林遍布，峰林之间还有自然连接的石桥，堪称奇观。这5座岛传说是五方佛的化身，传说纳木错湖是绵羊的主护神，所以每逢藏历的羊年，纳木错湖将要敞开圣门迎接众神前来汇集。神秘的宗教色彩，加上这里令人心旷神怡的景色，所以如今到纳木湖的人络绎不绝。

羊卓雍湖有什么样的传说？

羊卓雍湖是西藏四大圣湖之一。传说，在很久很久以前，羊卓雍湖还只是一个泉眼，泉边住着一富贵人家，家里的佣人叫达娃。有一天，达娃在泉边救了一条小金鱼，小金鱼变成一位美丽的姑娘并送给达娃一件宝贝。主人发现后，硬要达娃带他到泉边找宝贝。可是达娃誓死不从，于是富人将她推进泉眼淹死。此时小金鱼变成姑娘出现了，并变出无边的波涛将富人淹没。恶人得恶报，从此，这里就形成了一泓碧蓝清澈、妖饶无比的湖泊。

羊卓雍湖，也称羊卓雍错（当地人通常简称为"羊湖"），因为

藏语"错"就是"湖"的意思。羊卓雍湖位于拉萨与江孜之间,与雅鲁藏布江仅一山之隔,距拉萨以南约 100 千米。湖面总面积达 600 多平方千米,湖水均深 20~40 米,是喜马拉雅山北麓最大的内陆湖。羊湖汉口较多,像珊瑚枝一样,因此它在藏语中又被称为"上面的珊瑚湖"。

在羊卓雍湖偏西的南岸,浪卡子县城往北约 10 千米处是桑丁寺。桑丁寺有长达 300 多年的历史,其活佛转世传承制度已延续了 12 世,属噶玛噶举派香巴噶举支派(即"白教")。值得一提的是,它是西藏唯一由女活佛主持的寺庙。寺庙里除了主持以外其他都是男僧侣。

哪里被称为西藏文明的发祥地?

山南是西藏自治区最富庶、历史文化渊源最深厚的地区。由高地农业文明发展壮大而起的吐蕃王朝便是自山南兴起的,因此,山南又被称为西藏文明的发祥地,并两度成为西藏史上的统治中心。

山南是指冈底斯山和念青唐古拉山以南地区,横阔约 420 千米,纵长约 329 千米,总面积 8 万多平方千米的地域。山南海拔约 3600 米,气候温和,属典型的高原河谷平原地区。这里被冈底斯、喜马拉雅等高大山脉夹持,降水丰富,气温也不像藏西、藏北那么严寒。横贯于山南中部的雅鲁藏布江正处中游,江面开阔,支流众多,宽十数千米、长几十千米不等的河谷多有分布。河谷两侧山地的高处是牧场,腰部是森林,谷底及河口则是肥沃的农田,最适宜于青稞、荞麦、小麦等高原农作物生长,是历史悠久的人类聚居区和农业发达区,自古享有"西藏粮仓"的美誉。群峰、湖泊、温泉、河谷组成了山南独特的地理风光,雅砻河风景名胜区,是国家重点风景名

胜区。这里有吐蕃王朝时期留下的藏王陵墓群、西藏第一座寺庙——桑耶寺和雍布拉康、昌珠寺等著名的古寺及文化遗迹。悠久历史留下的丰厚的文化遗产以及神秘的宗教文化使山南成为旅游者的向往之地。

拉萨为什么有"日光城"之称？

西藏自治区的首府拉萨，辐射强，日照时间长，年日照时数在3000小时以上，所以有"日光城"之称。

拉萨是一座具有1300年历史的古城，位于雅鲁藏布江支流拉萨河北岸。海拔3650多米的拉萨地处西藏中部稍偏东南，为高原温带半干旱季风气候。平均气温低，日温差大，夏季无高温，是避暑纳凉的胜地。拉萨原名吉雪沃塘。拉萨市内主要由布达拉宫、八廓街（八角街）、大昭寺、色拉寺、哲蚌寺以及拉萨河等景观景点构成。站在布达拉宫顶上，可以俯瞰拉萨全城，整个市区到处是一片片掩映在绿树中的新式楼房，还有八廓街一带飘扬着经幡，荡漾着桑烟。密布的颇具民族风格的房屋和街道，聚集着来自藏区各地的人们，许多人仍然穿着本民族的传统服装，游人可以深刻体会到拉萨的平静与淳朴。

拉萨市有藏、汉、回等31个民族，藏族及其他少数民族人口占90%以上。拉萨是西藏全区政治、经济、文化的中心和交通枢纽，也是藏传佛教圣地。在漫长的历史进程中，拉萨经历了文明的洗礼和文化的鼎盛与延续，积累和沉淀了丰厚的文明成果和文化遗产，素以风光秀丽、历史悠久、文化灿烂、风俗民情独特、名胜古迹众多、宗教色彩浓厚而闻名于世，是国务院首批公布的24个历史文化名城之一，也是中国优秀旅游城市之一。

一口气读懂地理常识

中国最大的喇嘛教寺院是什么寺院？

中国最大的喇嘛教寺院是西藏自治区拉萨市的哲蚌寺。

哲蚌寺是西藏佛教格鲁派在拉萨的三大寺院的首寺，位于拉萨市西郊10千米处的根培乌山上，海拔3800米，沿山势逐层而建，占地面积约20万平方米，是藏传佛教格鲁派三大寺庙之一，也是全世界最大的寺庙。

哲蚌寺内有7个扎仓（僧院），是格鲁派祖师宗喀巴的徒弟绛央曲杰扎西巴簦在大贵族朗嘎桑的资助下，于明代永乐十四年（1416年）动工兴建的，名为"白登哲蚌寺"，后简称"哲蚌寺"。在藏语里"白登"意为祥瑞庄严，"哲蚌"意为堆积大米。哲蚌寺建成后，很快发展为格鲁派寺院中实力最雄厚的寺院。

哲蚌寺的建筑巧妙地利用山坳里的一片漫坡地，逐层上建，殿宇连接，群楼耸峙，规模宏大，雄伟壮丽。哲蚌寺的建筑主要有甘丹颇章、措钦大殿、四大扎仓及其所属康村等。大殿的三层楼上是弥勒佛殿，里面供有宗喀巴赠与绛央曲杰扎西巴簦的右旋法螺，此为哲蚌寺的主要象征。大殿侧室的两座银塔里，分别供奉着三世达赖与四世达赖遗体火化后的骨灰。其他僧院内有宗喀巴三师徒、观音、文殊菩萨、无量寿佛等诸多佛像。此外，哲蚌寺内还珍藏着佛教经典、甘珠尔和佛教注疏、丹珠尔各100余部，有宗喀巴三师徒所著的几百部佛教经典的手写本，这些都是价值倾城的历史资料和宝贵文物。

世界上海拔最高、最雄伟的宫殿是哪座？

布达拉宫是世界上海拔最高、最雄伟的宫殿。

布达拉宫始建于公元7世纪，是藏王松赞干布为远嫁西藏的唐

朝文成公主而建，矗立在拉萨市海拔约 3700 多米的红山上。布达拉宫占地约 41 万平方米，建筑面积约 13 万平方米，主体建筑分为红宫和白宫，红宫居中，白宫横贯两翼。红宫有历代达赖喇嘛的灵塔和各类佛堂及经堂；白宫部分是达赖喇嘛处理政务和生活居住的地方。布达拉宫依山垒砌，群楼重叠，殿宇嵯峨，气势雄伟，有横空出世，气贯苍穹之势。具有强烈装饰效果的巨大镏金宝瓶、幢和经幡，交相辉映，体现了藏族古建筑迷人的特色。

　　布达拉宫宫殿的设计和建造根据高原地区阳光照射的规律，墙基下面有四通八达的地道和通风口。铺地和盖屋顶用的是叫"阿尔嘎"的硬土，各大厅和寝室的顶部都有天窗，便于采光，调节空气。宫内的柱梁上有各种雕刻，墙壁上的彩色壁画面积有 2500 多平方米。宫内还收藏了西藏特有的、在棉布绸缎上彩绘的唐卡，以及历代文物。布达拉宫是历世达赖喇嘛的冬宫，也是过去西藏地方统治者政教合一的统治中心，从五世达赖喇嘛起，重大的宗教、政治仪式均在此举行，同时又是供奉历世达赖喇嘛灵塔的地方。布达拉宫是藏式建筑的杰出代表，也是中华民族古建筑的精华之作。1994 年 12 月初，西藏拉萨布达拉宫被列入《世界遗产名录》。

西 北 地 区 篇

"中华"、"华夏"因哪座山而得名？

华山是中华民族文化的发祥地之一，"中华"、"华夏"等词汇皆因华山而得名。

华山是我国著名的五岳之一，位于陕西省华阴市，海拔2000多米，居五岳之首。华山是由一块完整而巨大的花岗岩体构成的，它的历史衍化可追溯到1.2亿年前，《山海经》记载："太华之山，削成而四方，其高五千仞，其广十里。"素有"奇险天下第一山"之称。

华山是观日绝佳之处，位于华山东峰的朝阳台为最佳地点。华山的著名景区多达210余处，有凌空架设的长空栈道，三面临空的鹞子翻身，以及在峭壁绝崖上凿出的千尺幢、百尺峡、老君犁沟等。其中华岳仙掌被列为关中八景之首。

自隋唐以来，李白、杜甫等文人墨客咏华山的诗歌、碑记和游记不下千余篇，摩岩石刻多达上千处。自汉杨宝、杨震到明清冯从吾、顾炎武等不少学者，曾隐居华山诸峪，开馆授徒，一时蔚为大观。而在华山诸多传说故事中，流传最为广泛的要数"巨灵劈山"、"沉香劈山救母"、"吹萧引凤"等。

中国现存最古老的园林在哪儿？

华清池位于骊山北麓，紧倚临潼城区，自古以来就是沐浴疗养胜地，迄今已有3000多年的历史，堪称中国现存最古老的园林。

华清池也叫做华清宫，大门上方有郭沫若书写的"华清池"匾额。园内现在的九龙汤是唐玄宗洗浴的池名，贵妃池是杨贵妃沐浴

过的地方。园内五间亭，中国近代史上著名的"西安事变"就发生在这里。后面骊山的半腰间虎斑石处还有一座"兵谏亭"，高4米，宽2.5米，水泥钢筋结构，兵谏亭匾额是用贵重的蓝田玉制成。走出望湖楼，向右可沿着一条砖砌的台阶上行，直登苍翠葱绿、美如锦绣的骊山游览。

历史悠久的皇家园林和温泉利用史使华清池享誉海内外。尤以周幽王烽火戏诸侯、唐玄宗与杨贵妃的传奇爱情故事和震惊中外的西安事变而广为人关注，成为一所改写中国历史并具有浓厚传奇色彩的著名皇家园林。

秦兵马俑的"四大最"是指什么？

有人说秦兵马俑是人类考古史上最大、最多、最精致且最美丽的一次重大发现。

最大，它的规模之大令人惊叹，3个坑共约有2万多平方米，其中一号坑规模最大，面积12000平方米；二号坑次之，面积是前者的1/2；三号坑约有500余平方米。根据考古判断，这几座从葬坑象征着始皇生前的宿卫军守卫着陵园，而三座坑是按兵法布阵的，其中三号坑是总指挥部统帅三军。

最多，是指数量多，发掘的3个坑共出土近8000件陶俑、陶马，木制战车100余乘和青铜兵器4万余件。整个军阵布局严密，酷似待发之势，令人联想到当年始皇金戈铁马，横扫六合，所向披靡的声威。

最精致，是指对每件陶俑大到身体结构，小到头发、眉毛，都精雕细刻、细致入微。容颜端庄，一双大眼绘着白睛黑眼珠，灼灼有神。面部轮廓清晰，肌肉起伏的变化合乎解剖原理，身上残存的

彩色较多，朱红色的衣领和联甲带，面部施色两层，下层为红色，上层为粉红色。这在世界雕塑史上可谓独秀一枝。

最美丽，是指这些不同的陶俑中间有高大魁梧、气宇不凡的将军，有足智多谋、五官清秀的文官，有威武刚毅、身经百战的武官，更有神情各异、生动传神的士兵，可谓千人千面，互不雷同，完全是当年秦军将士的真实写照。

"关中塔庙之祖"的法门寺有什么来历？

法门寺因舍利而置塔，因塔而建寺，原名阿育王寺。公元前三世纪，阿育王统一印度后，为弘扬佛法，将佛的舍利分成 84000 份，使诸鬼神于南阎浮提，分送世界各国建塔供奉。中国有 19 处，法门寺为第五处。

法门寺始建于东汉末年恒灵年间，距今约有 1700 多年历史，有"关中塔庙始祖"之称。释迦牟尼佛灭度后，遗体火化结成舍利。公元 558 年，北魏皇室后裔拓跋育曾扩建，并于元魏二年（494 年）首次开塔瞻礼舍利。隋文帝开皇三年（583）改称"成实道场"，仁寿二年（602 年）右内史李敏二次开塔瞻礼。唐高祖李渊武德七年（625 年）敕建并改名"法门寺"。唐贞观年间曾三次开塔就地瞻礼舍利。原塔俗名"圣冢"，后改建成四级木塔。高宗显庆年间修成瑰琳宫二十四院，建筑极为壮观。

大雁塔的名字和大雁有什么关系？

传说，当年玄奘取经途中曾困于沙漠，后来得到大雁领引，才觅到水源，得以生还。建造大雁塔是为报答菩萨化身指点迷津的大雁之恩。

大雁塔位于陕西省西安市南郊慈恩寺内,是全国著名的古代建筑,被视为古都西安的象征。大雁塔平面呈方形,建在一座方约45米,高约5米的台基上。塔7层,底层边长25米由地面至塔顶高64米。塔身用砖砌成,磨砖对缝坚固异常。塔内有楼梯,可以盘旋而上。每层四面各有一个拱券门洞,可以凭栏远眺。长安风貌尽收眼底。塔的底层四面皆有石门,门楣上均有精美的线刻佛像,传为唐代大画家阎立本的手笔。塔南门两侧的砖龛内,嵌有唐初四大书法家之一的褚遂良所书的《大唐三藏圣教序》和《述三藏圣教序记》两块石碑。唐末以后,寺院屡道兵火,殿宇焚毁,只有大雁塔巍然独存。

我国现存最大的鼓楼在哪儿?

西安鼓楼是目前所存在全国最大的鼓楼,它位于西安城内西大街北院门的南端,东与钟楼相望。

西安鼓楼的建筑形式是歇山式重檐三滴水。高台砖基座东西长达50多米,南北宽约38米,高近8米,南北正中辟有高和宽均为6米的券洞门。楼建筑在基座的中心,面阔7间,进深3间,四周另有走廊。鼓楼分为2层,第一层楼身上置腰檐和平座,第二层楼重檐歇山顶,上覆绿琉璃瓦。楼的外檐和平座都装饰有青绿彩绘斗拱,使楼的整个建筑层次分明,浑雄博大。登楼的青砖阶楼设在砖台基两侧,在第一层楼的西侧有木楼梯可登临楼的第二层。

清乾隆四年(1739年),陕西小麦喜获丰收,一时间"男娶女归,礼兴讼息"。长安县令王瑞下令重修鼓楼,以示纪念。乾隆皇帝闻听大喜,亲自为鼓楼题词:"文武盛地"。可见,鼓楼是调风水、顺民气、扬国威的信息传播中心。当时的咸宁县书生李允宽感慨鼓楼震天的鼓声,欣然写下四个大字:"声闻于天"。从此,鼓楼的美

名流遍四方。

三国时期"失街亭"、"斩马谡"等故事发生在哪个地方？

麦积山周围奇山异景，恍如仙境。相传这里常有神仙出没，故名仙人崖。三国时期有名的六出祁山、失街亭、斩马谡的故事都发生在这里。

麦积山，地处天水市东南方50千米的北道区麦积山乡南侧，是西秦岭山脉小陇山中的一座孤峰。被誉为"东方雕塑艺术馆"，是中国四大名石窟之一。麦积山石窟是中国诸多石窟寺庙中风景最为秀丽的一座，以七佛阁、万佛洞、牛儿堂、寂陵等最为著名。麦积山石窟在后秦时已开始建造，魏孝文帝以后，渐趋发达。现存魏、西魏、周石窟大约30个，麦积山石质不宜于雕刻，佛像一般都是泥塑。经过1000多年，塑像并未溃败，这种和泥法也有其特殊的地方。自隋至明清，历朝都有塑像，大塑像高达15米，小塑像高仅20多厘米。洞窟中共保存了从4世纪到19世纪以来的历代泥塑、石雕7800件，壁画1300多平方米。麦积山洞窟大都开凿在悬崖峭壁上，在我国现存洞窟中是罕见的。

崆峒山的名字是怎么来的？

崆峒山名的由来，先得说崆峒一词来源，"崆峒"一词，在汉语词典里一般注释为"山名，在甘肃境内"。最早见于春秋时期成书的《尔雅》一书载："北戴斗极为崆峒"。平凉崆峒山正位于北斗星座的下方，即为所指。《汲冢周书》记载："崆峒"是大夏、莎车、姑地、旦略、貌胡、其尤、戎翟、匈奴、楼兰、月氏、奸胡、北秋等

十二个氏族的首领。所以说崆峒是周时一个强大氏族部落的名称。又在《史记·赵世家》《姓氏考》等记载：有商代始祖契的后代分封于空桐（崆峒亦写作空同、空桐、实是同名异写），遂以国为姓。崆峒山为当地一座名山，所以就以崆峒这个姓来命名此山。

崆峒山位于甘肃省平凉市城西12千米处，东瞰西安，西接兰州，南邻宝鸡，北抵银川，是古丝绸之路西出关中之要塞。景区面积84平方千米，主峰海拔2123米，集奇险灵秀的自然景观和古朴精湛的人文景观于一身，具有极高的观赏、文化和科考价值。自古就有"西来第一山"、"西镇奇观"、"崆峒山色天下秀"之美誉。

莫高窟现在还保存有多少幅壁画？

莫高窟经过多次浩劫，现存洞窟492个，壁画45000余平方米，彩塑2415身，飞天塑像4000余身。

莫高窟又名"千佛洞"，位于中国西部甘肃省敦煌市东南25千米处鸣沙山的崖壁上。这里全年日照充足、干燥少雨、四季分明，昼夜温差较大。石窟南北长1600余米，最高处达50米。洞窟分布高低错落、鳞次栉比，上下最多有5层。莫高窟规模宏大，内容丰富，历史悠久，与山西云岗石窟、河南龙门石窟并称为中国"三大石窟艺术宝库"。

莫高窟是一座融绘画、雕塑和建筑艺术于一体，以壁画为主、塑像为辅的大型石窟寺。它的石窟形制主要有禅窟、中心塔柱窟、殿堂窟、中心佛坛窟、四壁三龛窟、大像窟、涅磐窟等。各窟大小相差甚远，最大的第16窟达268平方米，最小的第37窟高不盈尺。窟外原有木造殿宇，并有走廊、栈道等相连，现多

已不存。

莫高窟壁画绘于洞窟的四壁、窟顶和佛龛内，内容博大精深，主要有佛像、佛教故事、佛教史迹、经变、神怪、供养人、装饰图案等七类题材，此外还有很多表现当时狩猎、耕作、纺织、交通、战争、建设、舞蹈、婚丧嫁娶等社会生活各方面的画作。这些画有的雄浑宽广，有的瑰丽华艳，体现了不同时期的艺术风格和特色。中国五代以前的画作已大都散失，莫高窟壁画为中国美术史研究提供了重要实物，也为研究中国古代风俗提供了极有价值的形象和图样。据计算，这些壁画若按 2 米高排列，可排成长达 25 千米的画廊。

黄河的发源地在哪儿?

黄河有三源：一是扎曲，二是约古宗列渠，三是卡日曲。

在青海腹地上有昆仑山巴颜喀拉山、布尔汗布达山；山下有盆地，大片沼泽，是高山雪水形成的湖泊，称为星宿海，但它还不是河源，后再经深入的查勘，才发现了扎曲、约古宗列渠、卡日曲。扎曲一年之中大部分时间干涸，而卡日曲最长，流域面积也最大，在旱季也不干涸，是黄河的正源。

我国人民比较明确地认识黄河及其源头还是在唐代以后。因为从唐代起，中原人民同边疆少数民族间联系大大加强，特别是同居住在青藏高原上的吐蕃之间的往来日益频繁，而黄河源头是古代通往西藏高原的交通大道。

黄河流域有肥原沃土，物产丰富，山川壮丽，居民人口占中国总人口的1/4，耕地则约占全国的40%。黄河的作用很大，在最开始的时候孕育了整个华夏文明。

西宁人称的"闪佛"是什么？

在西宁北山半崖峭壁间洞窟中部高数百米有一座崖体居高临下，形似露天金刚，西宁人称它为"闪佛"。闪佛高 30 米，宽 10 多米，整个雕刻具有唐代风格。

位于西宁北山，故俗名北山寺，又名土楼观、永兴寺。北山寺历史已有 2000 多年了。北山寺经历代扩建，不断在峭壁断崖间凿掘出洞窟，现存直洞 39 个，偏洞 18 个，共 57 个，故称"九窟十八洞"。山石因受 4 万年的风化剥离，地势险峻、断崖壁立，气势宏伟，自然形成了层迭状貌，似层层宝塔，似宝塔耸立，古代"土楼山"因此而得名。古迹主要有佛寺、道观、砖塔、洞窟、壁画和露天大佛。洞窟中现留存的的壁画最早的系北魏时期所遗留的汉传佛教故事。千百年的风剥雨蚀和鬼斧神功，造就了这或状如层楼迭起，或如宝塔凌空的奇峰。

身临北山寺里面向外望，西宁市容一览无余，并与对面南山上的凤凰亭遥遥相望。

美丽的青海湖在哪里？

青海湖在蒙语里有"青色的海"之意。它位于青海省东北部的青海湖盆地内，青藏公路和青藏铁路沿湖北岸西行。既是中国最大的内陆湖泊，也是国内最大的咸水湖。青海湖有一望无际的湖面，雪山倒映，鱼群欢跃，万鸟翱翔。青海湖周围是茫茫草原。湖滨地势开阔平坦，水源充足，气候比较温和，是水草丰美的天然牧场。夏秋季的大草原，绿茵如毯。金黄色的油菜，迎风飘香；牧民的帐篷，星罗棋布；成群的牛羊，飘动如云。日出日落的迷人景色，更

充满了诗情画意，使人心旷神怡。

充满神秘的"东方金字塔"在哪儿？

西夏王陵位于宁夏贺兰山下，作为中国现存规模最大、地面遗迹保存最完整的帝王陵园之一，其独特的陵塔有"东方金字塔"的美誉。

西夏王陵又称西夏陵、西夏帝陵，座落在银川市西郊贺兰山东麓，是西夏历代帝王陵墓所在地。截至1999年共发现帝陵9座、陪葬墓253座，陵区南北长10千米，东西宽4千米，占地近50平方千米。其规模与河南巩县宋陵、北京明十三陵相当。

西夏王陵一带地势平坦，被山洪冲刷出的道道沟坎纵横交错。西夏王陵不仅吸收了秦汉以来，特别是唐宋王陵之所长，同时又受到佛教建筑的影响，使汉族文化、佛教文化与党项民族文化很好地结合在一起，构成了我国陵园建筑中别具一格的形式。西夏陵规模宏伟，布局严整，每座帝陵占地教超过10万平方米，由阙台、神墙、碑亭、角楼、月城、内城、献殿、灵台等部分组成。

哪里被誉为"塞北江南"？

唐代诗人韦蟾就有"贺兰山下果园成，塞北江南旧有名"的赞美诗句。贺兰山不仅有无数名胜古迹，而且也是国家级森林自然保护区，人们奉之为"宝山"、"圣山"。

"塞北江南"贺兰山植被广泛，有高山灌丛草甸、落叶阔叶林、针阔叶混交林、青海云杉林、油松林、山地草原等多种类型。其中分布于高海拔的青海云杉纯林带郁闭度大，更新良好，是贺兰山区最重要的林带。动物有马鹿、獐、盘羊、金钱豹、青羊、石貂、蓝马鸡等

180 余种。1988 年国务院公布贺兰山自然保护区面积达 6 亿平方米。

贺兰山很早以前就成为我国北方的一座名山，北魏郦道元的《水经注》沿用汉代说法称贺兰山为卑移山。贺兰山最早的记载出现在隋代，唐代史籍有这样一段记载："山有树木青白，望如驳马，北人呼之为'贺兰'或称之为'曷拉'。"

六盘山为什么取名叫"六盘"？

六盘山海拔 2942 米，山路曲折，大的盘旋共有六重，故称"六盘山"。

六盘山是我国最年轻的山脉之一，位于宁夏、甘肃、陕西交界地带。有高等植物达 788 种，乔木林达 26000 万平方米。有 38 种兽类栖息。200 种脊椎动物、147 种鸟生活在这里。六盘山风光旖旎，久负胜名。旅游区内凉殿峡、二龙河、荷花沟、秋千架、老龙潭、泾河源等休闲避暑胜地是干旱带荒漠地区独存的胜地。春来绿树杂花，天地清澄；夏时凉爽宜人，风光独特；秋时红叶满山，层林尽染；冬时雪尽穷野，银装素裹。一代天骄成吉思汗征服西夏时曾在这里休养生息，整肃军队，后病逝于此。1935 年毛泽东同志率领中国工农红军长征到达此地，后来写下了光辉诗篇《清平乐·六盘山》。今有红军长征纪念亭供游人缅怀。

宁夏境内规模最大的古寺庙群在哪里？

牛首山的古寺庙群，初建于唐代以前，分"西寺"和"东寺"两部分，为朔方名刹，是宁夏境内建筑规模最大的古寺庙群。

东寺庙群，庙宇分布在山崖和幽谷之中，以金宝塔寺为中心从东向西，有保安寺、舍身崖、睡佛洞等 19 座庙宇。

西寺庙群，枕山面河，依山势而建，以万佛阁、净土寺、观音殿等 26 座庙宇组成。这里山峦重叠，草木葱茏，云海茫茫，变幻无穷，古有"秀丽如芙蓉出水"的赞誉。每年农历三月十五庙会，大小庙宇，香烟缭绕，众僧云集，游人香客，熙熙攘攘，热闹非凡。

固原秦长城有多长？

固原境内战国秦长城是由甘肃静宁县沿着葫芦河东岸，经北峡口从目庙进入固原境内西吉县的，全长约 200 千米。

固原秦长城现在能看到的战国秦长城遗迹最高到 10 米，基宽约 6 米。战国秦长城在修筑的过程中，城墙内为缓坡，便于守卫的军队上下。外边陡立，便于防御敌人。长城的敌台向外面凸出，间距在 200 米左右，一般是处在两个敌台上的人相对射箭的有效距离之内，使敌人难以接近城下。长城的筑城方法是在平地上由墙外取土，自然形成沟壕，相对增加了墙体的高度。遇到河沟时，直接利用河沟陡立的崖壁、峭壁而自然形成。在长城内侧还有墩台、城障和较大的城址。墩台是传递军情的建筑，设在视野宽广的"四顾险要之处"。城障是长城险要处所筑的供官兵驻宁的小城。城址是驻扎士兵和储存粮食的地方，也是阵地前沿的指挥中心，一般都建在交通要道和险要山口。城墙、墩台、城障、城址构成一个完整的军事建筑体系，显示了古代劳动人民的聪明与智慧。固原境内的战国秦长城，在 2001 年被国务院列为第五批国家重点文物保护单位。

什么时候去新疆旅游才是最佳时期？

每年 5～10 月是新疆旅游的黄金季节，因为这段时间花木争艳，瓜果溢香。

由于新疆昼夜温差较大，所以即使在最热的月份去，也要准备一件毛衣或夹衣。5、6、9、10月则应带上毛衣、外套或风衣等。4月以前和11月以后前往，则必须穿厚呢大衣或羽绒服等御寒服装。

从地理位置看，新疆是世界上离海洋最远的地方，属中温带大陆性干旱气候，最热的7、8月平均气温为25.7℃，最冷的是1月，平均气温为-15.2℃。

为什么吐鲁番的瓜果特别甜？

吐鲁番地区的日照时间很长，植物可以充分地进行光合作用，产生出大量的淀粉、糖类等物质。一到夜间，气温降得很低，植物的呼吸作用减弱，这样就减少了养分的消耗。所以果实中能够积累大量的营养物质，不但个儿长得大，而且养分充足。新疆出产的瓜果又大又甜的秘密就在这里。

新疆是我国著名的瓜果之乡。这里出产的瓜果色鲜、果香、味甜，吐鲁番的葡萄、哈密瓜更是果中佳品。新疆地处我国西北内陆，远离海洋，四周又有高山环绕，海洋上的湿润气流很难到达这里，所以雨量很少，气候干燥。这里的气温日夜变化很大，尤其是夏季，白天烈日炙烤，气温很高，一到夜晚又急剧下降，人们用"早穿皮袄午穿纱"来形容这里昼夜温差之大。正是这里看似恶劣的气候，让这里生产出了优质的瓜果。

伊斯兰教的著名建筑苏公塔的来由？

苏公塔，又名额敏塔。额敏和卓晚年为庆寿、报答安拉的天恩并使额敏和卓一生的业绩而建造该塔。

额敏和卓是一位杰出的爱国者，他的一生是维护祖国统一的一

一口气读懂地理常识

生。苏公塔在吐鲁番市区以东2千米处，该塔建于清乾隆四十三年（1778年），是新疆伊斯兰教的著名建筑，也是全国唯一的一座此种建筑风格的古塔，属于国家重点文物保护单位。苏公塔高44米，基部直径10米。塔身上小下大，呈圆锥形。塔中心有一立柱，呈螺旋形向上逐渐内收直至塔顶，共有台阶72级。塔系砖木结构。在不同方向和高度，留有14个窗口，塔身外部有几何图案15种之多，可谓精妙绝伦。苏公塔造型别具一格，庄严、古朴，具有浓郁的伊斯兰风格，塔身在不同高度和方向开出14个窗口，人们沿梯可直上塔顶的瞭望室，欣赏四周风光。是吐鲁番著名的旅游景点之一。

乌鲁木齐的象征是哪座山？

红山是乌鲁木齐市的象征。

红山是一座褶皱断层山，山体主要是由二叠纪的紫红色砂砾岩构成，故名红山。突兀挺立在市区中心地带，它隔乌鲁木齐河与西面的雅玛里克山遥遥相望。山下，乌鲁木齐河纵贯南北。传说红山是天池中飞来的一条赤色巨龙，落地化为山岩，但仍不安分地缓缓向雅玛里克山爬去，若两山一旦合拢，乌鲁木齐河被阻断，城区将化为汪洋泽国。于是，1788年，乌鲁木齐都统尚安一位讲迷信的满族地方官员，便下令在两条"巨龙"头上各建一座九级青砖"镇龙宝"。其中红山顶上之塔存留至今，而雅玛里克山头之塔则于20余年前被大风吹倒，近年才重新修复。

现在红山及其两山之塔，成为市区胜景之一。红山经多年造林绿化，已辟为"红山公园"，红亭绿树，青塔赤岩，别有风姿。近年又建立起清代民族英雄林则徐的石雕塑像和纪念红山绿化之群雕各

一座，更为古老红山增添青春风采。登临红山顶上的"远眺楼"，边城全貌尽收眼底。

中国最大的回族清真寺院在哪里？

艾提尕尔清真寺不仅是新疆规模最大的清真寺，也是全国规模最大的清真寺之一。

艾提尕尔清真寺坐落于新疆维吾尔自治区喀什市的艾提尕尔广场西侧，始建于明代，南北长140米，东西宽120米，占地总面积为1.68万平方米，分为"正殿"、"外殿"、"教经堂"、"院落"、"拱拜孜"、"宣礼塔"、"大门"等7部分。

清真寺大门用黄砖砌筑，白石膏勾缝，看上去线条清晰，非常醒目。正殿里放有大毛拉讲经的坐台，米合拉普北侧有5个壁龛，南侧有4个。正殿的南墙和北墙各有2扇门和1扇窗户，正殿内共有18根支柱，正殿的南北两侧是外殿，门内是小院，院内西墙还有一个门，通向外面，后门一般是用来运送尸体的，而且只在周五"居玛日"时才使用。北侧外殿有彩色藻井5个。长3.6米，宽3.2米，南侧有4个。教经堂，共有房屋24间，其中南部11间，北部13间。院落的后面有一排木栅栏，栅栏东侧，东西走向人行道的南北两侧，有2个宣礼塔。

那拉提草原的名字是怎么来的？

传说成吉思汗西征时，有一支蒙古军队由天山深处向伊犁进发。时值春日，山中却是风雪弥漫，饥饿和寒冷使这支军队疲乏不堪，不料翻过山岭，眼前却是一片繁花织锦的莽莽草原，泉眼密布，流水淙淙，犹如进入了另一个世界。这时云开日出，夕阳如血，人们

不由的大叫"那拉提（有太阳），那拉提"。于是一个形象化的地名诞生了。

那拉提风景区位于新疆自治区伊犁州新源县那拉提镇，是世界四大草原之一的亚高山草甸植物区，那拉提草原以那拉提镇旅游接待站为核心，这里充满山村的宁静与祥和。包括周围草原、赛马场等众多景点。那拉提草原山叠山，山连山，简直就是一幅由雪景、林景、草景、花景组成的色彩斑斓的立体风景。远处皑皑雪峰，银装素裹；近处云雾缭绕，如纱如幔。周围是苍翠的混交林，与山间如茵的辽阔草原连成一片。在阳光的照射下，色彩不断地变幻着，时深时淡，时而银光闪烁，时而虚幻迷茫，恰似一幅大写意的水彩画。

自古以来那拉提草原就是著名的牧场，具有平展的河谷、高峻的山峰，深峡纵横、森林繁茂、草原舒展交相辉映，并同当地哈萨克民俗风情结合在一起，成为集观光、游览、科学考察、休闲娱乐、避暑度假、购置纪念品为一体的旅游观光度假区。

哪里素有"天山明珠"的盛誉?

新疆天池湖水清澈，晶莹如玉。四周群山环抱，绿草如茵，野花似锦。素有"天山明珠"的盛誉。

新疆天池位于新疆阜康县境内的博格达峰下的半山腰，海拔1980米，是一个天然的高山湖泊。湖面呈半月形，长3400米，最宽处约1500米，面积4.9平方千米，最深处约105米。

天池是中外游客的避暑胜地，而且已成为冬季理想的高山溜冰场。每到湖水结冻时节，这里就聚集着来自全国的冰上体育健儿，进行滑冰训练和比赛。1979年3月我国第四届运动会速滑赛就是在天池举行

的。环绕着天池的群山，雪线上生长着雪莲、雪鸡，松林里出没着狗子，遍地长着蘑菇，还有党参、黄芪、贝母等药材。山壑中有珍禽异兽，湖区中有鱼群水鸟，众峰之巅有现代冰川，还有铜、铁、云母等多种矿物。天池一带如此丰富的资源和奇特的自然景观，对于野外考察的生物、地质、地理工作者们，更具有魅人的吸引力。1982 年天池被列为国家重点风景名胜区。2007 年 5 月 8 日，新疆天山天池风景名胜区经国家旅游局正式批准为国家 5A 级旅游景区。

被誉为新疆的"夏威夷"在哪儿？

博斯腾湖被誉为新疆的"夏威夷"。

博斯腾湖位于是位于焉耆盆地的一个山间陷落湖。湖面水域辽阔，烟波浩淼；博斯腾湖远衔天山，横无涯际。随着天气变化，时而惊涛排空，宛若怒海，时而波光粼粼，碧波万顷。博湖集大漠与水乡景色于一体，夏季，湖中渔船与彩云映衬，群鱼共飞鸟逍波。金秋 10 月，苇絮轻飚，芦苇金黄，秋水凝重，飞雁惊鸿。冬季来临，冰封千里，湖面银似镜，一派北国风光。近年博斯腾湖的莲花湖、相思湖、回归大自然等旅游景点的旅游设施已初具规模，开辟了游艇、滑水、湖滨浴场等娱乐项目，还可以品尝到烤鱼和原汁原味的博斯腾鱼宴。

湖区内各自既相对独立，又有汊流相通，泛舟其间，心旷神怡。湖滨沙滩浴场，岸线总长达 30 多千米。博斯腾湖大湖南岸附近朝南方向有高度不等的沙山及流动与半固定的沙丘，还有金字塔型沙丘链与高低起伏的沙包。结合湖滨浴场的开发，可开展滑沙运动、沙山探险、沙山滑翔等运动项目。博斯腾湖是南疆一个重要的新兴水上游乐旅游区。

港澳台地区篇

香港最具代表性的海湾是哪里?

浅水湾位于港岛南部,是香港最具代表性的美丽海湾。

浅水湾英文名为"Repulse",是"击退"之意,得名于以前附近海域巡逻的英军军舰。这里毗连深水湾、中湾、南湾,由中环出发,不出 30 分钟便可到达,所以香港人每逢夏季必到此畅泳消暑,其余时间也会专程到来光顾食肆或到此郊游烧烤,悠闲地消磨一天。

浅水湾海岸线蜿蜒曲折,自然拥有很多美丽的海滩。浪平沙细,滩床宽阔,坡度平缓,海水温暖。夏令时节,是浅水湾最热闹的时候。大批游客蜂拥而至,沙滩上人山人海,各式泳装组成了一幅色彩斑斓的画面。浅水湾东端的林荫下,设置着许多烧烤炉。在充满野趣的氛围之中,搏浪戏水后的游客可以尽情地品尝烧烤的美味。烧烤区的旁边是具有宗教氛围的镇海楼公园。门前面海,矗立着两尊巨大塑像——天后圣母和观音菩萨。海边远处建有七色慈航灯塔,气势雄伟,吸引着众多游客在此留影。浅水湾的秀丽景色,使它成为港岛著名的高级住宅区之一,区内遍布豪华住宅,其中包括香港巨商李嘉诚、包玉刚的豪华私宅。这些依山傍水建造的豪华住宅构成了浅水湾独特的景区,游人至此莫不流连忘返。

香港最高峰是哪座山?

香港最高峰是太平山,俗称扯旗山,海拔 554 米。是香港最著名的游览胜地,并被视为香港的标志。

太平山位于香港岛的西部,从中区花园道可乘山顶缆车登上山顶。缆车服务时间从早晨 5 点直至午夜,每隔十几分钟就发一班车。坐缆车是一次很有趣的经历,尤其是下山的时候座位面朝山顶呈 45°

角，整个人背靠坐椅往下滑，沿途与依山而建的各式高楼擦肩而过，形成奇怪的角度，诡秘刺激。

太平山顶上有凌霄阁与山顶广场两个建筑，是游客购物娱乐的地方，一些大众化的品牌在此都开设有分店。有伦敦杜莎夫人蜡像馆、超动影院、信不信由你奇趣馆等娱乐场所。山顶还有很多专供观景的设备，从山上俯瞰维多利亚港及九龙半岛，一览无余。居高临下，苍翠的山体与蔚蓝的人海、挺拔的高楼相互交织，城市的繁荣与自然的风光和谐统一。香港的夜景世界著名，最佳观赏位置为缆车总站附近古色古香的狮子亭和空旷怡人的山顶公园。最美的夜景是在太阳落下海平面，而天空仍有紫霞光之际，高耸又密集的建筑物，在入夜后纷纷亮起光彩，山脉、建筑与海湾，构成绮丽迷人的画面。

大屿山因何而得名？

大屿山位于珠江口外，香港西南面。"屿"字的广东话发音，通常跟"罪"字同音，但是在大屿山这一名称中，则读成"鱼"。这是因为大屿山旧名"大鱼"、"大渔"、"大俞"等，皆是"鱼"音，于是"大屿山"一名是从清朝就开始使用了。

大屿山面积 144 平方千米，比香港岛大近 1 倍，是香港地区最大的岛屿。大屿山地势西南高峻，东北较低，主峰凤凰山是全香港第二高峰。大屿山上，山多平地少，只有山溪下有小块平坦土地，岛上人口最集中的地方是西南面的大澳镇。沿岸有很多美丽的沙滩，全岛有众多山径、水潭、瀑布及古迹分布其中。这里拥有独特的天然景致、丰富的生态环境、朴素的渔村风情、雄伟的古刹等，如大澳、梅窝、分流海岸及昂坪宝莲寺，特别适合郊野

短程旅游选择。岛上有被称为"天坛大佛"的宝莲寺坐佛，以其莲花宝座和台基酷似北京天坛而得名。大佛身高 23 米，连基座共高 34 米，是全世界最大的露天青铜坐佛。大佛所在的昂坪宝莲禅寺被誉为香港四大禅院之首，数十年来香火鼎盛。其斋堂可同时容纳数百人，气氛庄严肃穆。寺内外设有不少货摊，售卖各种佛具，很受善男信女的欢迎。

在哪能体验到香港乡土风情？

庙街位于香港九龙油麻地，是香港一条富有特色的街道。很多电影都曾在该条街道取景。庙街以售卖平价货的夜市而闻名，被喻为香港的平民夜总会。

清朝时期，庙街的中段建有一座天后庙，庙街因而得名。庙街分南北两段，是香港久享盛名的夜市。每天下午 5 时以后，街侧开始摆满摊档，售卖的货品林林总总，从天后庙一直到庙街入口处沿着围墙，有许许多多算命道士，不论是面相、手相，还是八字流年、婚姻命名，几乎什么都可以为人测算明白。往东走，还有唱戏卖艺的表演。夜色愈浓，庙街愈发热闹，游客们摩肩接踵，摊主们也愈发来了精神，音乐声、叫卖声此起彼伏。

庙街不算长，却人潮汹涌。由于人多互相拥挤，从头到尾，也要走上好一阵。走得累了，不妨选一家甜品店走进去，喝上一碗绿豆沙，驱一驱暑气。庙街的尽头还有数家大排档，可以坐下来吃海鲜，也可以尝尝印度餐饮的风味，或者干脆站在路边吃上几碗牛丸鱼蛋什么的过过嘴瘾。

哪里被称为香港的"威尼斯"？

大澳是香港现存最著名的渔村，由于大澳被水流分为两地，交

通有赖横水渡联系，而居民亦以小艇穿梭来往，故有香港的威尼斯之称。

大澳风景秀丽，远离烦嚣的市区，较少受到都市化建设的影响，所以仍旧保留着早期香港的渔村风貌。村内庙宇林立，关帝庙从明代起便稳立村内，庙内摆放着一个1739年铸造的铜钟，屋顶则缀以精致的陶制装饰，除关帝庙外，另有华佗及财神像，杨侯古庙是为纪念杨侯王而建，经修葺后更见庄严，在庙宇对面的海湾上有两块石碑，建于1902年，是租借新界时勘界所立的界碑。沿大澳道可徒步前往具有80年历史的观音庙，其建筑风格仿效北京的颐和园。

大澳至今仍是港人和游客的旅游热点。水道上的棚屋，依然渗透着浓厚的渔村气息。由当地女性管理的绳桥，颇受过往游客欢迎，现已被钢制的步行桥取代。游客来大澳首选的咸鱼、虾酱和鱼肚等土特产品在店面和中心大街两旁均有售卖。还可花数十元租借小船，由村民驾驶，在水道中纵横穿插，并前往海中短途游览。为了观赏中华白鳍豚，许多游客都会选择前往大澳体验水乡之旅。

香港的海洋公园？

始建于1977年的香港海洋公园，位于香港仔海洋公园道，是世界上最大的海洋公园之一，公园建筑分布于南朗山上及黄竹坑谷地，分为山顶公园和山下花园两部分。山顶和山下之间有世界上最长的登山电梯。

山上以海洋馆、海洋剧场、海涛馆、机动游戏为主。香港海洋公园拥有全东南亚最大的海洋水族馆及主题游乐园，凭山临海，旖旎多姿，是访港旅客最爱光顾的地方。海洋剧场里每天都有海洋动物的精彩表演。海洋馆建有人工海洋和岩石海岸，造浪机再现惊涛

拍岸的自然界壮观，游客犹如身临其境。在这里不仅可以看到趣味十足的露天游乐场、海豚表演，还有千奇百怪的海洋性鱼类、高耸入云的海洋摩天塔，更有惊险刺激的越矿飞车、极速之旅，堪称科普、观光、娱乐的完美组合。全新的"太平洋海岸"洋溢着北美加州海岸的文化魅力和自然美景。在海涛奔腾、海岸嶙峋及宁静宜人的沙滩景致中，海狮、海豹乐陶陶地迎接着每一位游人。

山下则有水上乐园、花园剧场、金鱼馆及仿照历代文物所建的集古村，由中央政府赠送的大熊猫安安和佳佳也生活在这里，它们憨态可掬的样子，深受广大市民的欢迎。游人可利用吊车和扶手电梯往来于公园各个景点，公园每年接待游客 200 多万人次，不同地区建有适合不同年龄阶段和层次游客特点的游乐设施，被誉为"儿童的梦园"、"老人的憩园"、"情侣的爱园"和"游客的乐园"。

金紫荆广场有哪些独特的人文景观？

金紫荆广场位于香港会议展览中心新翼，广场北面矗立着 20 米高的香港回归祖国纪念碑。纪念碑由 206 块石板层叠而成，每块石板代表 1842～2047 年期间的每个年份：其中 6 块圆形石板由浅色花岗石制成，分别代表 1842 年、1860 年、1898 年、1982 年、1984 年及 1990年，至于内置灯光的玻璃环则标志着香港正式回归祖国的 1997 年。

紫荆雕像矗立于香港会议展览中心新翼海旁的博览海滨花园内。紫荆花是香港的市花。香港的区旗上有紫荆花，硬币上亦有紫荆花。湾仔北部这朵紫荆花乃镀金雕像，是中央政府送给香港纪念特区政府成立的礼物，别具纪念价值，不少旅客专程到此游览。这朵金紫荆作为香港重要的地标及旅游胜地之一备受中外旅游者关注。

金紫荆广场上每天早晨 7 时 50 分都会举行庄严而隆重的升旗仪

式。在庄严的国歌声中，中国国旗及香港特别行政区区旗缓缓升起，随风飘扬，整个仪式历时大约 15 分钟。此外，逢每月的 1 日、11 日及 21 日早上 7 时 45 分，15 名身穿礼服的警员会在金紫荆广场主持特别的升旗仪式，配合警察风笛乐队一同演奏国歌及背景音乐，随后香港警队的风笛乐队还会进行风笛演奏及队列表演。

澳门黑沙滩的沙子是黑色的吗？

黑沙滩在澳门路环岛的南边，它宽约 1 千米，呈半月形，坡度平缓，沙粒全呈黑色，均匀光滑、闪闪发亮，每当海浪掀起一层层白色的浪花，冲击黑色沙滩时，黑白分明，十分罕见。

黑沙滩的周边沙子都是晶莹亮白的，唯有这一块半月形海滩的沙子是黑色的。任凭海浪年复一年地冲刷，也冲不走这一带的黑沙子。因为黑色次生矿海绿石受海流影响，被搬运至近岸，再经风浪携带到海滩，使原来洁白明净的白沙滩，变成迷人神秘的黑沙滩。还有一种说法是由黑云母矿所致。黑沙滩附近曾发现有很多古代历史文物，其中包括一块四五千年前的彩陶片和制造陶器的作坊遗址，还有清代的钱币等。珠海地区近年也出土了类似的文物，这表明了澳门与珠海两地原本一脉相承。

黑沙海滩作为天然的海滩，是澳门著名的天然海浴场。海湾呈半月形，坡度平缓，滩面广阔。附近有一片松林，苍翠茂密，旁边建有宽广的停车场、公共汽车站及各式小食店。每逢假日周末及盛夏时节，黑沙海滩上，游人众多如同过江之鲫，热闹非常。该片沙滩的附近是黑沙公园。

哪座建筑被称为澳门的标志性建筑？

澳门观光塔是澳门新兴的大型旅游设施。它面对珠江口，占地

面积达 13363 平方米。这座 338 米高、可远眺香港和珠江三角区部分地区的高塔因此被誉为澳门新的标志性建筑物。

澳门观光塔集观光、会议、娱乐于一体，是全球十大观光塔之一。观光塔顶层为大型旋转餐厅，可俯瞰全澳景色。站在塔的观光廊，澳门、珠海尽收眼底，晴天可以看到香港的大屿山岛。该塔还有展览及会议设施、主题餐厅、高级购物中心和剧场、露天广场和海滨长廊等。其中包括一个可容纳 1200 位宾客的宴会厅和一个 500 座位的剧院。观光塔为全球第 8 高塔，也是超越巴黎埃菲尔铁塔的东南亚最高观光钢塔。

1998 年开始兴建，经过 3 年的建设，总耗资 10 亿元澳门币，于 2001 年 12 月 19 日竣工揭幕，并正式接待游客。澳门特别行政区行政长官何厚铧和澳门旅游娱乐有限公司总经理何鸿燊为澳门观光塔亮灯。从此，澳门观光塔成为澳门新的旅游景点，大大促进了澳门旅游业的发展。该塔动工时，正值亚洲金融危机严重冲击澳门经济之时，可是澳门著名实业家何鸿燊却胸有成竹，非常看好回归后的澳门市场，毅然投资兴建这座观光塔。

大三巴牌坊因何得名?

大三巴牌坊位于澳门大巴街附近的小山丘上，是圣保罗教堂的前壁遗迹，也是澳门的名胜。澳门拥有众多西式的天主教堂，其中圣保罗教堂建造时代最久远、最著名，人们习惯上称之为"大三巴"。圣保罗教堂建于 1637 年，糅合了欧洲文艺复兴时期建筑与东方建筑的风格，中西合璧、雕刻精细，是当时东方最大的天主教堂。但不幸先后经历过三次大火，屡焚屡建，见证了澳门的历史。最后一次着火发生在 1835 年 1 月 26 日黄昏，教堂被基本烧毁，仅残存

了现在的前壁部分。因为它的形状与中国传统牌坊相似，所以取名为"大三巴牌坊"。

巍峨壮观的前壁、精美绝伦的艺术雕刻，将大三巴牌坊装饰得古朴典雅。从牌坊顶部逐层而下，先是一个高高在上的十字架，向下再分三层，每层的壁龛均藏有一个铜像，铜像是由澳门早年的制炮工厂铸造的。十字架下是一具鸽形铜像，据说是代表圣神，像的旁边围有太阳、月亮及星辰的石刻，象征圣母童贞怀孕一刹那时光，铜鸽之下则是一尊耶稣圣婴雕像，像的旁边刻有钉死耶稣的工具。第三层的正中刻着一个童贞圣母雕像，旁边以两种花朵围绕，分别是牡丹和菊花，前者代表中国，后者代表日本。雕像左方还刻有"永恒之众"，一艘"葡式帆船"及"面目狰狞的魔鬼"。

1990年至1995年间，澳门政府对昔日圣堂的地点进行了维修，并建成了一个天主教艺术博物馆，馆内收藏了澳门各教堂和修院具代表性的画作、雕塑和礼仪饰物等展品。现在，大三巴牌坊已经成为澳门的象征之一，也是游客澳门之行的必到之地，许多澳门人结婚时都喜欢在此留下婚纱照以作纪念。

妈阁庙供奉的是哪位神灵？

妈阁庙原称妈祖阁，又称"正觉禅林"，妈阁庙里供奉的是妈祖。妈祖被人们尊封为"天后"，是沿海渔民心中的救护神。在澳门东南方妈阁山下，俗称天后庙，是澳门最著名的名胜古迹之一，存在至今已逾500年，是澳门三大禅院中最古者。

妈阁庙位于妈阁山西面山腰上，背山面海，沿崖建筑，附近古木参天，建筑和景色都十分秀美。整个建筑包括大门、牌坊、正殿、弘仁殿、观音阁和正觉禅林等几部分，庙内供奉有天后塑像及相传

天后曾搭乘过的大头模型帆船，另有石狮镇门、飞檐凌空，是一座富有中国文化特色的古建筑。庙的不同部分之间用石阶和曲径相通，曲径两旁的岩石上有历代名流政要或文人骚客题写的摩崖石刻。庙内的一块洋船石尤为引人注目，上面雕刻着古代海船的图形，船的桅杆上挂着一面写有"利涉大川"的幡旗，是人们喜爱的"一帆风顺"的图景，据说已经有 400 年的历史。妈阁庙倚山面海，风光宜人，古木参天，环境清幽。几百年间文人雅士们留下的无数题词石刻，更为这座古庙平添了几分雅趣。

每年春节和农历三月二十三日妈祖生辰日，是妈祖阁香火最鼎盛的时候。从除夕午夜开始，不少善男信女纷纷来拜神祈福，庙宇内外，一片热闹，而诞期前后，庙前空地会搭盖一大棚作为临时舞台，上演神功戏。香火旺盛，人潮如流，为澳门一大民俗景观。

火烧岛有哪些奇妙的海上风情？

火烧岛，又名绿岛、"鸡心"屿，是台湾第四大附属岛屿，位于台湾东面约 33 千米的太平洋上，岛身呈不等边四角形，南北长约 4 千米，东西宽约 3 千米，面积约 16 平方千米。岛上遍布山丘纵横的火山岛，最高点为火烧山，东南临海处多为断崖，西南角是平原沙滩。

绿岛风景点都分布在全长约 19 千米的环岛公路沿线，徒步约 4 小时就可尽览，驱车则只需 40 分钟。由中寮村循环岛公路顺时针而行，首见牛头山一带景点，沿着海岸进入公馆村，沿途有将军岩、牛头山、燕子洞、观音洞等自然奇景，以及技能训练所、酬勤水库等人为景致。观音洞因内有奇石形似观音而得名，观音洞南的柚子湖为最早开发的聚落，其倚山面海的形势及巨大的海蚀洞，也具有

可看性。公路在柚子湖之后开始爬升，最高处是有人称为"小长城"的阶梯步道，附近是欣赏睡美人岩及哈巴狗岩的最佳地点。公路再度临海而行，不久即至号称世界三大海底温泉之一的朝日温泉，周围尚有帆船鼻草原、紫坪潟湖区、露营区等好玩的景点；此后到达西岸的龟湾，那里山壁陡峭、公路穿凿而过，一向有"太鲁阁缩影"的美誉，绕过龟湾鼻，正好绕岛一周回到南寮港。

潜水艇和玻璃底船也是值得一试的海底观光设施。"海晏"1号潜水艇系台湾第一艘全潜式观光潜艇，以大型观景窗透视南寮湾海域，每趟航程60分钟，船上有专人沿途解说。此外，绿岛目前有3艘玻璃游艇，分别是占岸轮船公司的"海晏"11号及乡公所的绿岛游1号、2号，其船底由一块块玻璃构成，透过玻璃便可轻松地欣赏海底景观。近来许多游艇公司都在绿岛推出海上环岛、看日出、欣赏楼门岩等活动，配合潜水、海钓等，让绿岛的观光活动更加多彩多姿。

阿里山有哪些迷人的景观？

阿里山主要景观是她的小火车、日出、云海和樱花。

阿里山位于台湾嘉义县东部，海拔在360～3952米之间，四周山峦环绕，森林、溪谷甚多，有"森林宝库"之称。2001年夏，台湾有关部门为了开发管理阿里山优秀的观光旅游资源，特将阿里山并入台湾省"国家风景区"。

游览阿里山可在嘉义乘坐小火车，沿线铁路长72千米，由海拔30米逐渐上升到2450米，是世界铁路建筑史上的奇迹。这里的森林铁道是世界三大高山铁路之一，沿线不仅有乘小火车漫游的独特"Z"字形走法和螺旋式攀升法，还有高耸的林木、幽深的溪谷及缥

纱的云雾伴随，当然举世闻名的日出、云海也不可错过。

在阿里山森林游乐区，每年春天樱花绽放的季节，总能掀起一波阿里山的旅游热潮，一时吉野樱、牡丹樱、八重樱、富士樱等樱花争相怒放，阿里山也因此博得"樱都"的美誉。此外，神木区、沼平公园、阿里山派出所、香林国小、慈云寺一带，还有一叶兰、牡丹、紫藤等各色花朵不时绽放，让阿里山摇身一变，顿时成为美丽的"花之国度"。欣赏过优美的自然风光，接下来还可以参观阿里山铁道中转站——奋起湖老街，那里充满朴素的怀旧情调以及台湾特有的少数民族邹族的土著文化特色，将阿里山特有的自然人文情调渲染得淋漓尽致。

日月潭因何而得名？

日月潭景致独特，是台湾最大天然湖泊，一向以优美的湖光山色闻名，被称为台湾"八景"之一。整个湖面以拉鲁岛（原光华岛）为中心，湖的北半部分圆圆的像太阳，湖的南半部分弯弯的像月牙，故赢得"双潭映月"的美名，日月潭也是由此而得名。

日月潭位于台湾中部南投县渔池乡水社村，是玉山和阿里山间的断裂盆地，湖面海拔 760 米，周长 35 千米，水域面积 9 平方千米，平时水深 30 多米。日月潭潭面平静无波，四周翠绿的山峦簇拥环抱，云淡风轻，日月潭是全台著名的旅游胜地。欲饱览整个湖面风光，可以搭乘游艇慢慢细赏。目前湖边规划有 4 个公共码头，游客可随意选择搭乘。湖中的拉鲁岛，本是游湖的中心点，但由于地震摧毁，已不向游客开放登岛观光，但可搭乘游艇环岛游览。另外，游客还可以在潭边租个钓鱼浮台，静静享受垂钓的闲情。环湖周围还有如文武庙、慈恩塔、玄光寺、玄奘寺等处名胜景观，游人可以

沿着湖畔公路驱车或者骑自行车绕湖徜徉观光。日月潭周边的人文风情及美食特产也让人流连忘返。湖畔东南的德化社是台湾土著邵族的主要聚居地，邵族文化村内不仅有许多传统的邵族文物可供参观，而且还可欣赏到精彩的歌舞表演，兴尽归来途中可转至德化社附近的"迥原餐厅"去品尝邵族风味饮食的美味。

一口气读懂地理常识